1·2·3 매직

청소년 편

자녀를 건강한 성인으로 키우는
따뜻하고 효과적인 방법

1·2·3 매직

청소년 편

토머스 W. 펠런 지음
박종근, 이은미 옮김

자녀를 건강한 성인으로 키우는
따뜻하고 효과적인 방법

♀에듀니티

1-2-3매직 청소년 편

초판 1쇄 발행 2019년 9월 11일

지은이 | 토머스 W. 펠런
옮긴이 | 박종근, 이은미

발행인 | 김병주
출판부문대표 | 임종훈
편집주간 | 이하영
편집 | 박현조, 김준섭
디자인·일러스트 | 홍윤이
마케팅 | 박란희
펴낸 곳 | (주)에듀니티(www.eduniety.net)
도서문의 | 070-4342-6122
일원화 구입처 | 031-407-6368 (주)태양서적
등록 | 2009년 1월 6일 제300-2011-51호
주소 | 서울특별시 서대문구 연희로2길 76 4층

ISBN 979-11-6425-027-1 (13370)
값은 표지 뒷면에 있습니다.

〈1-2-3매직: 청소년 편〉에 쏟아지는 부모들의 찬사

★ ★ ★

"자녀가 사춘기가 되었거나, 사춘기를 앞두고 있다면 꼭 읽어야 할 책입니다. 자녀와 건강하게 관계 맺도록 도와주는 나침반입니다."

"많은 부모님이 청소년기 자녀에게 자유를 주고 싶어 하면서도 이해할 수 없는 자녀의 말과 행동 때문에 힘들어합니다. 부모에게는 자녀를 책임감 있는 사람으로 키워야 할 의무도 있는데 참 쉽지 않은 일입니다. 〈1-2-3매직: 청소년 편〉은 자녀를 건강하게 키우는 방법을 알려줍니다. 아이들이 건강한 성인이 되는 데 필요한 자질을 키워줄 수 있어요."

"청소년기 아이와의 소통법을 담은 바이블."

"부모가 자녀의 변화에 맞추어 현명하게 양육할 수 있도록 해주는 책입니다."

"이 책에서 배운 방법으로 아이들과 다시 소통할 수 있게 되었어요."

"청소년 자녀를 둔 부모님들께 도움 될 내용으로 가득한 책입니다."

1-2-3매직을 적용한 부모들의 후기

★ ★ ★

"우리 가족의 삶을 구해주었어요."

"딸이 몰라볼 정도로 달라졌어요. 표정도 훨씬 밝아졌고요."

"책에서 설명한 내용들이 실제로 효과가 있다는 게 놀라워요. 정말 마법 같아요! 덕분에 부모 역할을 제대로 할 수 있게 되었습니다."

"단순하고, 명확하고, 간결합니다. 심지어 쉽기까지 합니다."

"자녀에게 예절을 가르치고자 하는 부모라면 꼭 읽어야 합니다."

"효과적이고 유익해요!"

"모든 부모가 읽어야 할 책."

"아이들을 키우면서 느꼈던 절망이 희망으로 변했습니다."

"아이들의 떼쓰기에도 효과적입니다. 남편과 함께 읽고, 같은 방법 으로 아이를 양육하고 있어요. 이 책은 우리 가족의 구세주입니다."

"다른 모든 양육서의 핵심만 모아 놓은 책입니다. 적용하기 쉬운 것은 덤이고요. 서로를 더 사랑하고 아끼는 가족이 되었습니다."

"읽을 때에는 재밌고, 활용할 때에는 효과적입니다."

"책에서 소개하는 내용들이 실제로 효과가 있다는 점을 꼭 말하고 싶습니다. 정말 마법 같아요."

"1-2-3매직으로 양육 스트레스에서 완전히 벗어났어요."

"이 책을 만나고 더 이상 아이들에게 화내고 소리 지르지 않게 되었어요. 덕분에 내가 더 좋은 부모가 된 것 같은 느낌이 듭니다. 아이의 문제행동을 빠르게 고쳐주고 싶으세요? 1-2-3매직을 만나세요."

"아이가 더 이상 떼쓰지 않아요!"

"양육의 끝판왕. 가까이 두고 자주, 오래 보아야 할 책입니다."

옮긴이의 글

"어디부터 잘못된 건지 모르겠어요."

깊은 한숨이 교실을 감싸고 침묵이 찾아옵니다. 매년 학부모 상담을 할 때면 종종 마주하게 되는 장면입니다.

사춘기 전쟁의 최전선이라고 할 수 있는 중학교에서 생활하다 보니 아이들과 끊임없이 갈등하며 길을 찾지 못해 헤매는 부모님들을 많이 만납니다. 저 역시 교실에서 가르치고 배우는 관계를 넘어 함께 삶을 살아가는 동반자로서 아이들과 마음을 나누고 싶지만 쉽지 않습니다. 그래서 다양한 연수와 책을 찾아다녔지만 어디에도 마음을 시원하게 해주는 답은 없었습니다.

2017년, 1-2-3매직과의 운명적인 만남이 있었습니다. 처음에는 차마 교실에서 활용할 엄두는 못 내고 집에서 다섯 살 난 큰아이에게 적용해보았습니다. 이전에는 때 부리는 아이에게 화를 쏟아내고, 아이는 진정이 되더라도 정작 저는 마음이 가라앉지 않아 다가오는 아이를 밀어내기도 했습니다. 지금은 아이의 마음이 가라앉아 저를 부르면 마주 보고 따뜻하게 안아줄 수 있습니다. 아이는 어떻게 느낄까 물어보았더니 "엄마가 하나, 둘, 셋을 할 때는 화내는 것 같지 않아"라는 말에 용기를 얻어 교실에서도 1-2-3매직의 카운팅을 시작하게 되었습니다.

학기 초 아이들에게 처음으로 1-2-3매직의 카운팅을 소개할 때 하는 말이 있습니다. "이것은 벌이 아니야. '너'와 수업을 하고 싶어서, 수업에 함께 해달라고 초대하는 거야." 진심을 담은 이 말이 아이들에게 전해졌는지 교실 안에서 1-2-3매직을 활용하는 데 큰 어려움이 없었습니다. 오히려 이름을 부르며 멈추라고 하는 것보다 수업으로 돌아오는 속도도 빠르고 관계에도 문제가 없었습니다. 이렇게 1-2-3매직의 카운팅을 교실 안에서 잘 활용하면서도 매년 시작하기 전에는 과연 이 방법이 정말 좋은 방법일까 주춤거리곤 했습니다. 중학교 아이들의 성장단계를 고려할 때 아이들을 너무 단순하게 생각하는 것은 아닐까, 교실이고 수업 중이라는 특수한 상황에서는 가능하지만 가정에서는 어떨까 하는 궁금증도 있었습니다. 다섯 살 아이에게 유용한 그 방법이 열다섯 살 아이에게도 통할 수 있을까 하는 의문이 떠나지 않았습니다.

그러다가 박종근 선생님에게 〈1-2-3매직: 청소년 편〉이 있다는 이야기를 듣게 되었습니다. 사람과교육연구소의 번역팀에도 이 〈1-2-3매직: 청소년 편〉을 함께 작업하고 싶다는 바람에 참가하게 되었습니다. 그리고 정말 함께 작업할 수 있게 되어 마음이 벅찹니다. 혹여 제 부족함 탓에 1-2-3매직의 훌륭함이 가려지면 어쩌나 하고 많이 염려했지만, 한시라도 빨리 많은 사람에게 이 책을 소개하고 싶었습니다.

이미 아이들과 잘 살아가고 있는 부모님들에게는 큰 도움이 안 될 수도 있습니다. 사춘기 아이들과 여전히 좋은 관계를 유지하고 있고, 스스로가 아이를 대하는 모습에 확신이 있어 평온한 시간을 보내고 있으시다면 이 글을 읽으며 가볍게 고개를 끄덕이고 책장을 덮으면 됩니다. 하지만 아직 아이의 사춘기를 맞이하지 않았는데 왠지 모르게 불안하다면, 사춘기라는 폭풍우의 가운데에서 길을 잃은 것 같아 마음이 답답하다면 이 책을 한번 자세히 들여다보세요. 우리 가정을 위한 돌파구를 발견하게 될지도 모릅니다.

1-2-3매직의 첫 번째 원칙은 '화침행말'입니다. '화가 날 때는 침묵하고 행복할 때는 말하세요'라는 기본 원칙에서 모든 것이 시작됩니다. 화가 나서 쏟아내는 모든 말은 아이의 마음에 상처로 남습니다. 크고 높아진 목소리와 분노로 이글거리는 눈, 입에서 정신없이 쏟아져 나오는 가시 돋친 말 앞에서 어느 누가 아무렇지 않을 수 있겠어요. 왜 분노하는 걸까 곰곰이 생각해보니 아이가 제 말을 따르지 않을 때 '지고 있다'는 생각이 들어서라는 것을 깨달았습니다. 저는 감히 엄마인 나, 교사인 내가 하는 말에 따르지 않는다는 사실에 분노하고 있었습니다. 다시 처음 목적으로 돌아가봅시다. 교사가, 부모가 아이를 지도하는 이유는 무엇일까요? 한 사람의 인간으로서 자신의 삶을 잘 만들어가기를 바라는 마음 아닐까요. 다른 사람들에게 피해나 불편함을 주지 않으면서 말이에요. 잠시 숨을 고르고 감정의 소용돌이가 멎은 후에 다시 이야기를 나눠보세요. 서로가 무엇을 원하는지, 무엇이 필요한지 명확해질 겁니다. 그리고 멀리 돌아간다고 생각한 길이 오히려 원하는

곳까지 통하는 지름길이었다는 것도 알 수 있을 겁니다.

두 번째 원칙은 모든 훈육의 시작이자 끝이 바로 아이와의 관계라는 것입니다. 교실에서 카운팅을 적용하지 못한 경우는 아이들과 제 사이의 관계가 충분히 형성되지 않았을 때, 그리고 같은 맥락일 수도 있지만 행동 중지를 시켜야 하는 아이의 이름을 몰랐을 때였습니다. 〈1-2-3 매직: 청소년 편〉에서 강조하는 가족 규칙 또한 마찬가지입니다. 규칙을 세우고 지키기 위해서는 상대방과의 관계가 무엇보다 중요합니다. 오늘은 규칙을 지켰지만 내일은 실수할 수도 있습니다. 규칙을 안 지켰다고 화를 내기보다는 부드러운 목소리로 다시 한번 규칙을 알려주세요. 최악의 상황은 아이의 문제행동도 사라지지 않고, 부모 자식간의 관계도 무너지는 것입니다. 관계가 이어지고 있다면 기회는 다시 찾아오기 마련입니다. 좀 더 아이를 신뢰하고, 자기 인생의 운전대를 아이 스스로 잡도록 해주세요.

1-2-3매직을 사랑하는 부모이자 한 사람의 교사로서, 몸은 부쩍 자랐어도 마음은 그렇지 않아서 혼란스러운 아이들, 누가 나를 붙잡아주었으면 하면서도 막상 붙잡으면 도망가고 싶은 마음에 본인도 자신이 이해가 안 되는 아이들 그리고 그 모습을 지켜보며 어찌해야 할지 몰라 가슴이 타는 모든 부모님께 이 책을 선물하고 싶습니다. 우리 함께 이 긴 터널을 지나가보아요.

그리고 이 말을 하고 싶습니다.

지금 우리 앞에 있는 문제는 결코 당신의 잘못이 아니에요.

이은미

차례

기어이 오고야 말았습니다. 우리 아이의 사춘기가. 귀엽고 사랑스럽기만 하던 유치원생 아이가 눈 깜짝할 사이에 자라 이제는 텅 빈 눈으로 부모 말을 무시하기 일쑤네요. 부모와 자녀 사이에서는 새로운 줄다리기가 시작됩니다. 게임의 법칙이 완전히 바뀌었습니다. 뭐라고요? 아직 게임의 기본 규칙도 모르겠다고요?

자, 한번 돌아봅시다. 〈1-2-3매직〉을 읽은 부모님이라면 3~13살 아이를 키우는 일이 식은 죽 먹기처럼 느껴졌을 것입니다. 그러나 같은 방법으로 사춘기 자녀를 대할 수는 없습니다. 유년기 아이들을 훌륭하게 양육했던 부모라도 사춘기 자녀를 대할 때에는 종종 어려움을 겪습니다. 침몰 직전의 돛단배를 타고 태평양을 건너는 것처럼 느껴질 때가 있지요.

자녀가 어릴 때 필요한 양육 방법은 간단합니다. 문제행동 중지, 권장행동 강화, 좋은 관계 맺기. 이 세 가지만 알아도 큰 문제가 없습니다. 그런데 자녀가 사춘기에 접어들어도 그럴까요? 부모의 말을 귀담아듣기는커녕 간섭으로만 여기고 귀찮아합니다. 부모와는 점점 멀어지기만 하고, 부모의 자리를 또래 친구들과 스마트폰, 컴퓨터, 게임기들이 대체하기 시작하며, 부모에게는 절대 말하지 않는 자기들만의 비밀도 생깁니다.

하지만 너무 걱정하지 않아도 됩니다. 〈1-2-3매직: 청소년 편〉을 통해 청소년기 자녀의 변화가 아주 자연스러운 일이라는 사실을 배울 예정이니까요. 자녀가 점점 부모에게서 독립하기 시작할 때, 자녀가 건강한 성인으로 자랄 수 있게 도울 새로운 방법이 필요합니다. 이 일은 예술가가 작품을 조각하듯 공을 들여야만 하는 일입니다. 15살 전후의 자녀를 바라보는 부모의 마음은 복잡하기만 합니다. 자녀가 멋지게 독립하기를 바라는 마음과 언제까지나 귀엽고 사랑스러운 나만의 아이로 남아있길 바라는 마음이 부딪칩니다.

유년기 자녀를 키울 때는 문제행동 중지, 권장행동 강화, 좋은 관계 맺기의 3단계 방법으로도 충분합니다. 하지만 사춘기 자녀를 대할 때는 다른 방법이 더 필요합니다. 기존의 '가족 규칙 지키기, 화나면 침묵하고 행복은 더 표현하기'라는 원칙 외에도 '청소년기 자녀의 특성 이해하기, 부모를 멀리하는 자녀에게 현명하게 대처하기, 효과적인 방법으로 소통하기' 등이 추가됩니다. 모든 청소년기 자녀들이 부모의 바람처럼 현명하고 우아하게 성장하는 것은 아닙니다. 스스로 정체성을 찾고 정서적으로 독립하는 과정에서 부모로서는 이해하기 어려운 이상한 행동을 하기도 하지요. 당연한 일입니다. 부모는 이러한 행동을 기분 나쁘게 받아들이는 대신 품위 있게 대처하는 방법을 익혀야 합니다.

자, 자녀 양육의 새로운 단계에 들어오신 것을 환영합니다. 〈1-2-3매직〉 본편이 그랬던 것처럼 〈1-2-3매직: 청소년 편〉 또한 험난한 양육의 항해를 무사히 마치고 목적지에 도착할 수 있도록 안내할 것입니다.

아이가 무기력하고 차가워졌어요

"오늘 어땠니?"

"그냥 그랬어요."

"학교에서 뭐했어?"

"별 거 없었어요."

사춘기 자녀를 키우는 부모라면 한 번쯤은 이런 대화를 경험했을 거예요. 부모와 자녀가 각자 직장과 학교에서 긴 하루를 보내고 저녁 식사 시간에 식탁에 둘러앉았다고 생각해보세요. 아빠와 엄마는 가족 간의 따뜻한 대화를 기대하며 입을 엽니다.

"사회 숙제 있다고 했지? 다 했니?"

"네, 뭐."

"사회 시간에 뭐 배웠어?"

"몰라요."

아무래도 오늘의 대화는 여기에서 끝내야 할 것 같습니다. 부모님은 아직 자녀와 나누고 싶은 대화가 남아있겠지만 자녀에게서 더는 어떤 이야기도 듣지 못할 것 같습니다. 자녀가 십대가 되고 나서는 매일 밤 이런 대화를 경험합니다. 예전의 따뜻하고 밝은 모습은 온데간데없이, 그저 까칠하고 차갑기만 합니다. 보통 자녀가 중학교에 들어갈 때쯤 이런 변화가 시작됩니다.

10살짜리 딸에게 오늘 하루를 어떻게 지냈는지 물어보면 아이의 반응이 어떨까요? 아마 심층 다큐멘터리보다 더 자세한 이야기를 듣게 될 것입니다. 신이 나서 하루 동안 있었던 일을 미주알고주알 이야기합니다. 이렇듯 사춘기 이전의 아이는 자신을 드러내는 데 전혀 거리낌이 없습니다. 그러나 17살 된 아들은 완전히 다릅니다. 말이 없을 뿐만 아니라 꿍해 보이기까지 합니다. 이런 모습을 보는 부모의 마음도 함께 불편해집니다.

"내가 애한테 뭐 잘못한 거라도 있나? 가족 간에 대화를 나누자는 것뿐이잖아. 이게 그렇게 어려운 일인가? 도대체 뭐가 문제야?"

유년기와 사춘기는 완전히 다르다

아마도 이 책을 만나기 전에 전편인 〈1-2-3매직: 간단하지만 강력한 마법 같은 3단계 훈육법〉을 이미 읽은 분이 많을 것입니다. 아직 아니라고요? 얼른 구해서 읽어보세요. 앞으로 소개할 이 책의 내용을 이해하는 데 큰 도움이 될 것입니다. 읽어보았다면 어린 자녀를 키우기 위해 간단하면서도 직관적인 훈육법을 주로 사용했을 것입니다. 자녀의 문제행동을 조절하고, 부모와의 관계를 돈독히 하고, 형제나 친구들과 좋은 관계를 맺을 수 있도록 도와주는 효과적인 방법들이지요.

그러나 자녀가 점점 자라 사춘기가 되면 무언가 달라졌다는 걸 느낄 수 있습니다. 같은 아이라도 사춘기 이전까지의 모습과 사춘기를 지나는 청소년기의 모습은 완전히 다릅니다. 먼저 이 차이점에 대해 자세히 알아보겠습니다.

성격의 변화

아동기: 귀엽고 사랑스럽다.

청소년기: 항상 짜증 내고 뚱한 모습이 완전히 남이 된 듯하다.

아동기의 자녀는 부모님과 함께 보내는 시간을 즐깁니다. 그리고 엄마와 아빠는 모르는 게 없다고 믿습니다. 부모님이 보여주는 사소한 능력에도 깜짝 놀라며, 부모를 닮고 싶어 합니다. 반면에 청소년기 자녀는 최대한 부모님과 떨어지고 싶어 합니다. 집 밖에서 부모님과 함께 다니면 창피하다고 생각합니다. 부모님이 자신의 상황을 전혀 이해하지 못한다고 느낄 때는 공격적인 모습을 보이기도 합니다.

행동의 변화

아동기: 부모가 아이의 삶에 막대한 영향을 미친다.

청소년기: 친구, 인터넷, 미디어가 부모보다 더 많은 영향을 미친다.

아동기의 자녀, 특히 학교에 들어가기 전의 어린 자녀는 자신의 욕구를 스스로 채울 수 없습니다. 자녀에게 가장 큰 영향을 미치는 사람은 바로 부모님입니다. 이 시기의 자녀가 문제행동을 하면 살짝 안아서 다른 곳으로 옮기기만 해도 해결됩니다. 아니면 조금 머리를 써서 자녀의 주의를 다른 곳으로 돌리기만 해도 됩니다.

그러나 청소년기 자녀는 그렇지 않습니다. 자녀가 문제행동을 한다고 해서 자녀를 들어서 옮길 수는 없습니다. 주의를 다른 곳으로 돌리기도 쉽지 않지요. 자녀의 행동을 조금이라도 비판하면 아무리 좋은 의도였다 할지라도 말싸움이 시작되거나 자녀가 눈을 부라리며 대들 수도 있습니다.

부모의 에너지 변화

아동기: 자녀가 어린 만큼 부모도 젊고, 자신감과 에너지가 넘친다. 이제 막 시작한 양육에 대한 흥미도 높다.

청소년기: 부모님도 나이가 든다. 몸은 쉽게 지치고, 육아 외에도 신경 써야 할 것들이 더 많아진다. 자녀 양육의 7할 이상 끝났다고 생각한다.

어린 자녀를 돌보는 것이 쉬운 일은 아닙니다. 지치고 힘이 들지만 젊은 부모에게는 아직 신체적으로나 정신적으로는 열정적인 에너지가 있습니다. 새로이 시작한 육아에서 아이를 키우는 보람을 느끼기도 합니다. 물론, 항상 그러지는 않겠지만요. 아동기 자녀를 키우는 부모끼리 만나면 자녀에 관한 이야기로 꽃피우는 것을 볼 수 있습니다.

자녀가 사춘기에 접어들 때쯤 되면 부모는 자신의 몸이 예전과는 다르다고 느끼기 시작합니다. 여전히 자녀를 훌륭하게 양육하기 위해 최선을 다하지만, 체력적인 한계와 마주하는 순간이 찾아옵니다. 자녀 문제 외에도 신경 써야 할 것들도 더 많아집니다. 본인의 건강은 물론 부모의 건강, 직장에서의 문제, 부부 관계, 재정 상황 등 살펴야 할 것이 더욱 늘어납니다.

양육법의 변화

아동기: 명확한 원칙대로 양육하면 된다.

청소년기: 도대체 어떻게 해야 할지 감도 잡기 어렵다.

아동기 자녀를 양육할 때는 문제행동 조절, 권장행동 강화, 좋은 관계 형성 세 가지만 익혀도 전혀 문제가 없습니다. 그러나 청소년기의 자녀는 이제 독립을 눈앞에 두고 있습니다. 부모는 기대와 불안을 동시에 느끼기 시작합니다. 이제 어떻게 해야 할까요?

부모 역할의 변화가 필요하다

부모 입장에서 자녀의 사춘기는 끝이 보이지 않는 퍼즐처럼 느껴집니다. 앞에서 보았던 자녀들의 냉랭한 반응만 해도 그렇지요. 네, 참 나쁜 소식입니다. 하지만 반대로 좋은 소식이 될 수도 있습니다. 자녀가 왜 변했는지, 그리고 어떻게 변했는지를 정확히 이해한다면요. 지금까지는 아이들을 통제하고 지도했다면 이제는 관리하고 지원해야 할 때가 되었습니다.

"도대체 아이를 어떻게 대해야 할지 모르겠어요."

사춘기 자녀를 키우는 많은 부모님이 이런 고민을 토로합니다. 이 책에서는 사춘기 자녀들을 대할 때 실제로 어떻게 해야 하는지 구체적으로 알아볼 것입니다. 물론, 부모가 사춘기 자녀에게 절대 해선 안 될 행동에 대해서도 언급할 것입니다.

무엇보다도 먼저 사춘기 청소년의 특징을 이해하는 것이 매우 중요합니다. 그래서 1부에서 다룰 내용은 '사춘기 자녀: 아는 만큼 보인다'입니다. 1부에서는 사춘기 청소년들이 일반적으로 보이는 행동 유형과 생각하는 방식, 이해하기 어려운 행동을 하는 이유를 알 수 있도록 도울 것입니다. 사춘기 자녀를 이해하려면 부모가 자신의 사춘기 시절을 기억해내는 것도 중요합니다. 우리가 사춘기 때 스스로 경험하고 생각했던 것들을 잊어버려서 힘든 상황을 겪게 되는 경우가 많으니까요. 그리고 부모로서 사춘기 자녀의 행동이 자기 생각과 감정에 어떤 영향을 미치는지도 잘 관찰해야 합니다. 이러한 사춘기 청소년에 대한 기본적인 지식과 이해 없이 사춘기 자녀를 대하는 것은 운전대 없이 고속도로를 달리는 것과도 같습니다.

1부 마지막에서는 사춘기 자녀를 대하는 부모의 마음가짐을 요약해서 제시할 것입니다. 부모는 일종의 전문가가 되어야 합니다. 이를 위해 전문적인 부모가 되기 위한 기본적인 원칙 다섯 가지를 소개할 것입니다. 이 원칙들은 1부에서 만날 내용과 모두 긴밀하게 연결되어 있습니다.

단순히 이론과 정보만 늘어놓으려고 했다면 굳이 이 책을 쓰지 않았을 것입니다. 이 책 안에는 가정을 실제로 더 평화롭고 행복하게 만들 수 있는 구체적인 방법들이 있습니다. 배우기 쉽고, 효과는 강력한 방법들이지요. 사춘기 자녀를 살피기 전에 잠시 자신의 10대로 돌아가 보세요. 10대 때의 당신에게는 무엇이 가장 중요했나요? 그 문제에 대해 어떻게 생각하고 행동했었나요? 부모님에 대해서는 어떤 감정을 느꼈었나요? 부모님이 당신을 잘 이해해주었나요? 부모님이 당신을 잘 이해해주지 않을 때 어떻게 반응하고 행동했나요?

사춘기 자녀를 이해하는 첫걸음은 아이들이 흥얼거리는 노랫말에 귀 기울이는, 아주 작은 순간부터 시작될 수 있습니다.

Part 1

사춘기 자녀,
아는 만큼 보여요

사춘기는 선물입니다

아이가 초등학교 고학년을 지나 고등학교를 졸업하기까지 많은 변화가 일어납니다. 정체성을 확립하고 자기표현의 중요성을 깨닫게 되지요. 이 시기 아이들이 겪는 성장통은 그리스 로마 신화의 헤라클레스가 겪은 고통만큼이나 큽니다. 헤라클레스는 자신이 지은 죄를 씻기 위해 히드라를 죽이고, 하데스의 수문장인 케르베로스를 생포하는 등 12가지 과업을 해결해야 했습니다. 헤라클레스가 12가지 과업을 해결하는 데 필요했던 역량은 우리 자녀들이 건강한 성인으로 성장하는 데 필요한 역량이기도 합니다. 지금 부모가 된 어른들 또한 같은 과정을 거쳐왔지요.

사람이 자아 정체성을 확립하고 자존감을 형성하기 위해서 완수해야 하는 과업은 보통 다음과 같습니다. 모두 쉽지 않아 보이지만 부모도,

자녀들도 결국은 넘어야만 하는 산이지요.

1. 나 자신과 사람, 세상에 대해 더 깊이 이해하고 알아가기
2. 좋은 친구를 찾아 관계를 유지하기
3. 삶을 함께하고 가족을 꾸릴 영혼의 짝을 찾아 관계를 유지하기
4. 좋은 직업을 갖고 의미 있는 일을 하기
5. 경제적, 물리적으로 부모에게서 독립하기
6. 일상을 즐기고 삶을 사랑하는 방법 배우기

아이들은 자라면서 이 모든 일의 대부분을 결국 혼자서 해결해야 한다는 사실을 자연스럽게 깨닫습니다. 아무리 가깝고 사랑하는 사이라도, 심지어 부모님조차도 이 일을 대신 해주지 못하지요. 더구나 또래 친구들도 모두 비슷한 격랑의 시기를 지나고 있다는 사실을 알게 됩니다. 이런 복잡한 상황이 아이들에게 미묘한 경쟁심과 함께 안도감을 안겨줍니다.

아이들은 자신이 맞닥뜨린 삶의 과업 앞에서 두 가지 이유로 머릿속이 복잡해집니다. 첫 번째, 자신이 모든 도전을 훌륭하게 마치고 행복한 삶을 살 수 있을지 고민합니다. 텔레비전, 영화, 종교, 부모, 사회는 세상과 인간에 대해 각기 다른 이야기를 합니다. 세상만사 내 뜻대로 되는 일이 얼마나 있을까요. 가까운 친구 마음은커녕 내 마음도 잘 모르겠는걸요. 하물며 이성 친구들은 도대체가 영원히 이해할 수 없을 것 같은 존재입니다! 나이를 먹을수록 부모에게서 독립하고 싶은 욕구는 커지는데, 어떻게 직업을 구하고 먹고살 문제를 해결할지는 여전히

오리무중이지요.

두 번째, 적당한 직업을 찾고 경제적으로 자립하는 것이 정말 의미 있는 일인지 고민합니다. 20세기 후반에 많은 인기를 끌던 록밴드 핑크 플로이드의 〈Welcome to the machine〉이라는 곡이 있습니다. 이미 많은 것을 쥐고 있으면서도 더 채우지 못해 안달이 난 기득권층에 대한 젊은이들의 반항 정신이 담긴 곡입니다. 이 노래에 공감하며 세상을 향해 분노로 가득한 질문을 던지던 과거의 부모 세대처럼, 자녀 세대도 비슷한 질문을 합니다. 취직해서 열심히 일해봤자 결국 회사에 이용만 당하는 건 아닐까? 기득권층은 서민들을 착취하고 조종하려고 하려는 것 아닌가? 기득권층은 비리를 일삼고 부도덕한 일들로 돈을 모은 사람들이 아닌가? 제정신이 박힌 사람이 직장을 찾는 건 오히려 바보 같은 짓은 아닐까?

어른들은 이런 질문에 나름의 답을 찾고 세상에 적응하는 방법을 찾은 사람들입니다. 사실 불평불만만으로는 사회에 필요한 사람도, 사회를 더 좋은 세상으로 바꾸는 사람도 될 수 없습니다. 그러나 아이들은 사춘기의 시작부터 사회인이 되는 그 순간까지 이 진퇴양난의 길에 빠져 끊임없이 고민합니다. 어떤 경우에는 20대 중반을 훌쩍 넘어서까지 고민이 끝나지 않기도 합니다.

성을 이해하고 건전한 이성관 갖기

꿈을 찾고 좋은 친구를 만드는 일도 중요하지만, 사춘기 청소년들에게 가장 큰 관심사는 역시 이성 친구입니다. 매우 복잡하고 어려운 문제이지요. 보통 남자아이들은 육체적인 사랑에 관심이 많고, 여자아이들은 정신적인 사랑에 관심이 많습니다. 대개 부모님은 아직은 어설프게 보이는 자녀들의 이성 교제에 충분히 공감하지 못하고, 공부나 하라면서 핀잔을 주곤 합니다.

사춘기 아이들은 마음이 맞는 짝을 찾기 위해서는 두 가지 관문을 통과해야 한다는 사실을 깨닫게 됩니다. 첫 번째 관문은 마음이 통하는 이성을 찾는 것입니다. 마음에 드는 친구를 찾아 사랑하게 되는 첫 번째 단계는 오히려 쉽습니다. 두 번째 관문은 훨씬 어려우니까요. 바로 마음에 드는 친구의 사랑을 얻고, 관계를 유지하는 것입니다.

"공부와 취업은 언제라도 할 수 있잖아요. 이성 친구와 만나는 일이 훨씬 급하고 중요해요."

만약 부모가 잠시라도 자녀들의 머릿속에서 성과 사랑이 얼마나 많은 비중을 차지하는지를 들여다볼 수 있다면 아마 깜짝 놀랄 겁니다. 머릿속 대부분이 이성에 대한 관심으로 가득 차 있을 테니까요. 마음에 드는 친구와 사랑을 나누는 일은 그야말로 세상에서 가장 황홀한 일입니다. 그만큼 짝사랑이나 이별이 주는 괴로움은 이루 말할 수 없지요. 이처럼 연인을 찾아가는 과정은 그 어디에도 비할 수 없는 즐거움과 끔찍한 고통이 함께하는 일이라고 할 수 있습니다.

수도 없이 많은 상상을 하지만, 실제 경험은 턱없이 부족한 시기가 사춘기입니다. 아이들은 미래에 대해 상상하면서 흥분과 불안을 동시에 느낍니다. 당장 내일이라도 꿈이 이루어지길 기대하면서요. 하지만 도무지 가까워질 기미가 보이지 않는 현실과 꿈 사이의 괴리에 절망하고, 상처받기도 합니다. 실제로 꿈이 이루어지려면 아직 많은 관문을 넘어야 하고, 어떤 아이들은 아직 이루고 싶은 꿈조차 찾지 못한 상태입니다. 아이가 미래에 만나게 될 연인은 아직 서로를 알아보지 못하고 각자 다른 곳에서 헤매고 있을지도 모릅니다. 어떤 아이들은 독신으로 지낼 수도 있습니다. 아직 다가오지 않은 자녀의 미래 문제를 위해 우리가 할 수 있는 일이 있을까요? 아니요, 없습니다. 오직 기다리고 또 기다리는 수밖에 없습니다. 기다리기가 지루하고 힘들면 '스타크래프트'라도 하면서 기다려 보는 건 어떨까요?

너무 긴 청소년기는 비극입니다

현대 청소년들의 비극은 청소년기가 너무 길다는 것입니다. 이미 잘 알려져 있듯이 아이들의 청소년기가 모두 중학교 1학년에 시작해서 다 같이 고등학교 3학년에 끝나는 것은 아닙니다. 사춘기는 초등학교 고학년부터 시작되기도 하고, 대학교를 졸업하고 나서도 계속될 수 있습니다. 이 긴 시간 동안 아이들은 의식주와 같은 물리적 환경은 물론 감정적으로도 부모에게 의존합니다. 자녀가 자라서 육체적, 정신적으로 스스로 자신을 충분히 돌볼 수 있는 시기가 지났는데도 의존적으로 살아가는 모습을 주변에서 흔히 볼 수 있습니다. 심지어 부모가 자녀의 진로와 직업을 대신 선택해주기까지 합니다.

인간은 지구상에 존재하는 그 어떤 동물보다도 긴 시간을 부모와 함께합니다. 일생의 4분의 1 내지 3분의 1을 부모에게 의존하며 지내지요. 곤충, 어류, 조류를 비롯해 심지어 원숭이조차도 부모와 함께하는 시간이 이렇게까지 길지는 않습니다. 선진국일수록 자녀들이 독립하기까지 더 많은 시간이 걸립니다. 전문적으로 인정받는 직업을 갖기 위해서는 더 긴 교육과정을 거쳐야 하기 때문입니다. 고등학교를 졸업하고, 대학교를 거쳐 대학원에 가야 합니다. 박사 학위, MBA, 의사 자격증, 약사 자격증, 변호사 자격증 등 전문적인 자격을 갖추기 위해서는 훨씬 더 많은 시간이 필요합니다.

사실, 이런 현상은 과거에는 없던 일입니다. 인류학자들의 연구에 따르면 과거에는 사회구조가 단순해서 어린이가 성인이 되기 위해 거쳐야 했던 청소년기가 지금보다 훨씬 짧았습니다. 심지어 '청소년기' 자체가 없다시피 한 문화권도 있었습니다. 어제까지 어린애 취급을 받던 사람이 '성인식'을 치르고 나면 바로 오늘부터 어른 대우를 받는 것이지요. 어른이 될 준비가 되었든 그렇지 않든 성인이 갖는 의무와 권리를 한 번에 갖게 되었습니다. "자, 이 배에 칼과 그물을 넣어 놓았으니 물고기를 잡아 오려무나. 출발!" 하는 식입니다. 이를테면 북아메리카 인디언 중 하나인 수 부족은 소년에서 전사로 거듭나기 위한 그들만의 독특한 성인식 문화를 갖고 있습니다. 성인식을 치를 나이가 되면 사람들은 긴 막대기를 세우고 막대기의 꼭대기 끝에 줄을 연결합니다. 줄의 반대쪽 끝에는 고리를 달아 성인식을 치르는 소년의 가슴에 연결합니다. 소년은 바람에 줄이 흔들려 고리가 가슴을 찢고 떨어져

나올 때까지 버텨야 합니다. 용기와 기개를 보여 전사로 성장했음을 증명하는 과정입니다. 고통스러운 과정을 버티고 살아남으면 소년은 이제 부족 구성원들로부터 성인 대우를 받을 수 있게 됩니다. 수 부족의 남자가 겪는 청소년기는 얼마나 될까요? 성인식을 치르는 단 며칠에 불과합니다.

1951년에 발표된 데이비드 셀린저의 소설 〈호밀밭의 파수꾼〉에 나오는 주인공 홀든 콜필드를 봅시다. 10대 중반인 홀든은 삶의 의미를 찾기는커녕 진정한 친구도, 여자친구도 없습니다. 자라서 어떤 직업을 가져야 할지도 모르고, 경제적으로도 자유롭지 못하니 살 곳을 정할 자유도 없습니다. 특별한 취미도 없어서 여유 시간이 생겨도 뭘 해야 할지도 모릅니다. 게다가 성인이 되려면 아직 한참이나 많은 시간이 남았지요. 홀든이 세상을 부정적으로 바라보고 불만으로 가득 차 있는 이유가 어느 정도는 이해되지 않으시나요.

수 부족의 소년들은 홀든과 같은 우리의 아이들처럼 어디로 가는지, 언제 끝날지도 모르는 지루한 청소년기를 꾸역꾸역 버티지 않아도 됩니다. 많은 젊은이가 어린 나이에 일찌감치 군대에 입대하는 이유도 여기에 있을지 모릅니다. 사람들에게 일찍 인정받을 수 있으니까요. 작품 속에서 진정으로 홀든의 소유물이라고 할 수 있는 건 빨간 사냥모자 하나뿐이었습니다.

비극이 된 청소년기는 짜증과 소외감을 부릅니다

우리도 북아메리카 인디언들처럼 간단한 성인식만으로 자녀들을 대번에 성인으로 대우해줄 수는 없는 일입니다. 현재 대부분의 나라에서는 어릴 때부터 성인이 될 때까지 성인의 의무와 권리를 잘게 쪼개서 조금씩 차례차례 제공합니다. 처음에는 스스로 용돈을 관리하고 입을 옷을 결정할 수 있게 해줍니다. 조금 더 크면 자동차 면허를 딸 수 있고, 조금 더 크면 공부를 더 할지 취업을 할지 선택하게 해주며, 데이트도 할 수 있습니다. 조금 더 크면 투표를 할 수 있고, 술을 마실 수도 있습니다. 사랑하는 사람과 성관계를 맺는 일은 언제부터 가능하게 하면 좋을까요? 물론, 많은 부모들은 자녀들이 성에 관해서 만큼은 최대한 늦게 경험하기를 바랍니다.

앞서 이야기한 바와 같이 너무 긴 청소년기는 이 시대의 소년, 소녀들에게 있어 비극입니다. 그러나 우리는 아직 이런 현실을 적절하게 다룰 방법을 찾지 못했습니다. 많은 청소년은 어른들이 무어라 왈가왈부하기도 전에 이미 자신이 성인의 권리와 의무를 수행할 준비를 다했다고 생각합니다. 실제로 어떤 아이들은 어른보다 더 성숙한 모습을 보이기도 하지요. 하지만 반대로 갈 길이 먼 아이들도 있습니다. 성인이 되기 위해 준비할 것이 생각보다 더 많거든요. 너무나도 긴 현대 사회의 청소년기를 지내다 보면 성숙하든 그렇지 않든 짜증이 날 수밖에 없습니다. 그리고 아직 완전한 사회 구성원이 되지 못했다는 생각에 소외감을 느끼기도 합니다. 이렇게 만들어진 짜증과 소외감 때문에 아이들은 이해할 수 없는 행동을 하기도 하고 부모에게 반항하기도 합니다. 어른들을 미워하고 비난하게 되지요. "그러니까 결국 어른들이나 부모라는 사람들은 이기적이고 욕심 많은 참견쟁이에, 감정이라고는 없는 식인종 같은 존재 아닌가요?"

가족 문제를 겪는 아이들은 깊은 좌절감에 빠져 인내심을 잃고 성적 하락, 폭력적인 행동, 약물 중독 등의 심각한 문제를 보이기도 합니다. 표면적으로 보이는 문제행동은 다를 수 있지만, 결국은 하나같이 스스로 자존감을 유지하고 귀찮은 어른들로부터 독립하고 싶다는 마음의 표현입니다. 실제로 독립할 능력이 되는지는 다음 문제이지요.

이제 우리 아이들이 왜 그렇게 까칠해졌는지 조금은 이해가 되셨을 겁니다.

뭐가 정상인데요?

1장에서는 너무 긴 청소년기가 아이들에게 미치는 영향을 알아보았습니다. 불안한 시기를 보내고 있는 아이들에게 무엇을, 어디까지 바랄 수 있을까요? 청소년기 자녀를 대할 때 가장 어려운 점은 어디까지 허용되고, 어떤 행동이 문제가 되는지 기준을 세우는 일입니다. 어느 순간 자녀의 행동이 달라지기 시작합니다. 이전에는 볼 수 없던 불편하고 이상한 행동을 하기 시작하지요. 10살까지만 해도 뭘 하든 그저 즐겁고 행복해하던 아이였는데, 도대체 무슨 일이 생긴 걸까요.

2장에서는 평범한 청소년들이 보여주는 여러 행동에 대해 알아보겠습니다. 여러분의 자녀가 정말로 평범한 청소년일지는 모르겠지만요. 2장을 읽고 나면 새로운 관점에서 자녀를 더 잘 이해할 수 있을 것입니다. 첫째, 자녀가 청소년기에 접어들면서 보이는 낯선 행동이 위험한 문제가 아니라는 사실을 알게 됩니다. 자녀의 새로운 행동은 또래 아이들이 공통으로 보이는 성장기 아이들의 특징입니다. 둘째, 청소년기 자녀의 행동이 자연스러운 것임을 알게 되면 자녀의 이해하기 어려운 행동에 대한 죄책감에서 벗어날 수 있습니다. 자녀가 보이는 문제행동이 부모의 부족함 때문이 아니라는 것을 알게 되니까요. 마지막으로 2장의 내용을 익히고 나면 청소년기 자녀를 양육하는 부모에게 어떤 역할이 가장 중요한지 이해하게 됩니다. 바로 사소한 차이를 이해하고 수용해주는 역할 말입니다.

자아의식이 형성돼요

청소년기 아이들은 자기만의 생각과 감정, 행동에 깊이 빠져있습니다. 연구자들의 표현을 빌리자면, 청소년기 아이들은 자신이 계속해서 무대 위에 서 있는 것처럼 느낍니다. 상상 속의 관객들이 자신의 일거수일투족을 끊임없이 관찰하고 있다고 느끼지요. 그리고 자기가 느끼는 이 강렬하고 독특한 감정은 부모를 포함한 그 누구라도 이해할 수 없다고 생각합니다. 아무에게도 이해받을 수 없다는 생각은 청소년기 아이에게 극심한 고통이 됩니다. 이 고통이 너무 커서 부모님도 한때 자신과 같은 청소년기를 보냈다는 사실은 상상할 수가 없습니다.

아이들의 생각에도 나름대로 일리가 있습니다. 사실 수많은 부모가 자녀의 문제행동에 충동적으로 대처하곤 하지요. 부모들은 곧잘 '아이가 비좁은 자기만의 세계에 갇혀 있다'라며 푸념합니다. 개구리 올챙이 적 생각 못 한다고 했던가요. 정작 부모님들도 어렸을 때는 '비좁은 자기만의 세계'에 갇혀 있었다는 걸 어느새 잊어버립니다.

청소년기의 과도한 자아의식으로 세상을 자기중심적으로 바라보고, 그러다 보면 삶은 더욱 힘겹고 무겁게 느껴집니다. 세상이 나를 중심으로 돌고, 세상 모든 사람이 끊임없이 나만 바라보고 있다고 생각해보세요. 얼마나 불편하고 어색할까요. 청소년기 아이들은 무언가에 성공했을 때 스스로 감탄하며 감격합니다. 자신의 능력과 가능성이 무궁무진하다고 느끼지요. 반대로 무언가 실패하거나 다른 사람에게 비판을 받으면 어마어마한 스트레스와 고통을 받습니다. 누군가 보고 있다면 두말할 필요도 없지요. 고등학생들에게 최악의 상황이란 친구들 앞에서 공개적으로 창피를 당하는 겁니다.

신체적, 정신적으로 급격한 변화가 일어나요

청소년기에는 신체적, 정신적으로 급격한 변화를 겪습니다. 한 해 동안 서서히 변화하기도 하고, 하루아침에 바뀌기도 합니다. 어떤 변화는 반갑고 흥미롭지만, 어떤 변화는 자녀와 부모 모두를 당황스럽고 혼란스럽게 합니다.

신생아일 때를 제외하면, 청소년기의 신체적 변화는 그 어느 때보다 크고 급격합니다. 사춘기를 지나면서 키는 25cm가량 자라고 몸무게도 20kg가량 불어납니다. 신체적 변화는 대체로 여자아이들에게 먼저 나타나는데, 12살 전후에 시작하여 17살 전후에 멈춥니다. 골반이 어깨와 허리보다 더 커지고 몸과 팔다리에 지방이 늘어납니다. 남자아이들의 신체적 변화는 대개 14살 전후에 시작하여 18살 전후에 멈춥니다. 어깨가 허리보다 넓어지고 전체적으로 골격과 근육이 발달합니다. 팔과 다리의 지방은 줄어듭니다.

사춘기의 가장 큰 특징 중 하나는 활발한 성호르몬 분비입니다. 피부와 머리에 땀과 기름기가 많아지고, 체취도 강해집니다. 성호르몬이 분비되면서 2차 성징도 나타납니다. 신체적인 변화가 달갑기만 한 것은 아닙니다. 여자아이들은 첫 생리를 하고 놀라기도 하고, 이런저런 생각에 마음이 복잡해집니다. 생리가 시작되기 전에 충분히 성교육을 받았거나 신체 변화에 관해 조언해주고 도와줄 가족이 있다면 그래도 잘 적응할 수 있습니다. 상대적으로 남자아이는 여자아이에 비하면 사춘기 시절에 겪는 신체적인 변화에 대해 적은 관심을 받습니다.

아이들의 신체적 변화는 수년에 걸쳐 이루어지므로, 그나마 부모가 신경을 쓸 수 있습니다. 그러나 마음의 변화는 하룻밤 만에 이루어지는 것처럼 보이기도 합니다. 어느 날 갑자기, 아무런 예고도 없이 사춘기 아이들은 방문을 닫고 들어가서는 방 밖으로 나오지 않습니다. 여름 한 달 만에 새로운 친구를 사귀더니 찰싹 달라붙어 가족은 나 몰라라 합니다.

아이들의 태도도 오락가락합니다. 친절하고 따뜻하며 밝은 모습을 보이다가도 다음날이면 우울하다면서 방문을 걸어 잠그기도 하지요. 도대체 무슨 영문인지 알 수가 없습니다. 종잡을 수 없이 바뀌는 아수라 백작 같은 모습에 부모들은 속상합니다. 미국에서 부모들이 많이 보는 책 중에 변덕스러운 사춘기 아이들의 특성을 잘 짚어낸 책이 있습니다. 앤서니 울프^{Anthony Wolf}의 〈내 인생에서 빠져주세요, 일단 시내에 데려다준 다음에^{Get Out of My Life, But First Could You Drive Me & Cheryl to the Mall}〉입니다. 제목에서부터 느낌이 오시나요? 사춘기 아이들의 갑작스러운 감정 변화와 이중적인 태도를 이해하기 쉽게 풀어놓은 책입니다. 집집마다 상황은 조금씩 다르겠지만 십대의 다양한 변화를 잘 받아들여야 아이들을 성공적으로 양육할 수 있습니다. 부모는 자녀의 외모, 생각, 행동이 변하더라도 너무 위험하지 않은 수준이라면 이해하고 받아들여야 합니다. 쉽지는 않지만 정말 중요한 양육 기술입니다.

자극적이고 이상한 것들이 좋아요

괴상한 음악, 스타일, 옷, 그림들을 좋아하기 시작합니다. 청소년기 아이들에게는 남들과 다르게 보이는 것이 정말 중요합니다. 그런데 이 '남'에는 어른들만 포함되고 또래 친구들은 포함되지 않습니다. 덮어놓고 부모를 따라 하는 인형이 되고 싶지는 않거든요! 생각나는 대로 표현하고 내 고집을 꺾지 않을 때 혼란스러워하며 쩔쩔매는 부모님의 모습을 보는 것도 재미있고요.

하루는 마트에 장을 보러 갔다가 계산원 아르바이트를 하는 여학생을 보고 깜짝 놀란 적이 있습니다. 일도 성실하게 하고 성격도 밝아 보였는데 머리 모양이 너무 충격적이었거든요. 절반은 파란색으로 염색한 스포츠머리였고, 나머지 절반은 오렌지색으로 염색한 뾰족머리였습니다. 그런 독특한 모습을 하기 전, 어렸을 때 모습은 전혀 상상되지 않았습니다.

세대별 특징을 가장 잘 나타내는 것은 아마도 음악일 것입니다. 내가 어릴 때 듣던 음악은 나에겐 모두 새롭고 위대하게 느껴지지만, 자녀들에게는 철 지난 음악일 뿐이지요. 시대에 상관없이 청소년기 아이들은 부모가 좋아하는 음악을 지루하고 재미없다고 느낍니다.

한때 새롭고 충격적이던 곡이라도 10년만 지나면 평범한 음악이 됩니다. 가수나 작곡자는 부모들에겐 이상하고 충격적인 동시에 10대 아이들을 만족시킬 수 있는 음악을 만들어야 성공할 수 있습니다. 얼마나 힘들까요. 음악가들은 새롭고 이상해 보이는 멜로디와 가사를 찾기 위해 언제나 고군분투합니다. 어쩌겠습니까. 부모님들에게는 불쾌하기까지 한 그런 음악에 우리 자녀들은 푹 빠져있으니까요.

심리적, 물리적으로 떨어져 있고 싶어요

부모는 사춘기 아이의 몸과 마음이 점점 멀어져가는 것을 느낍니다. 아이들은 예전처럼 저녁 식사를 함께하고 싶어 하지 않습니다. 외식도, 영화 관람도, 가족 여행도 싫다고만 합니다.

청소년기 아이들에게는 가족보다 사생활이 더 중요합니다. 아이가 전과 다르게 방문을 꼭꼭 닫는 시간이 길어지고, 부모들은 도대체 아이가 방에서 뭘 하는지 궁금해서 견디기 힘듭니다. 분명히 공부하는 건 아닐 텐데 말이에요! 게다가 종일 친구들과 휴대전화로 메시지를 주고받으면서 잠시라도 답장이 늦으면 세상이 무너져버릴 것처럼 굽니다. 형제자매끼리 툭하면 싸우기 일쑤고, 혼자 있고 싶다며 소리를 지릅니다.

부모와 자녀 사이의 대화도 마찬가지입니다. 저녁 식사가 끝나고 디저트와 함께 화기애애하게 대화하던 모습은 이제 옛날이야기가 됐습니다. 아이들은 접시를 비우자마자 쌩하고 방으로 들어가 문을 잠가버립니다. 밥을 먹을 때도 거의 한마디도 안 하지요. 어렸을 때는 즐거웠던 일이건 속상했던 일이건 조잘조잘 잘만 말했는데 말입니다. 집안에서는 입을 꾹 닫았지만 친구들과는 전화, 인스타그램, 페이스북, 문자 메시지를 통해서 끊임없이 수다를 떱니다. 부모님들이 조심스럽게 질문이라도 하려 하면 사생활 침해라며 짜증을 내고, 제발 좀 감시하지 말라고 합니다.

아이들은 점점 더 독립적으로 변해갑니다. 집에 있는 시간은 줄어들고 집 밖에 있는 시간이 길어집니다. 아이가 무언가에 집중하고 열심히 하는 것은 좋은 일이지요. 다만 그 일을 친구랑만 하려고 하다 보니 부모와 나누는 시간이 줄어드는 것이 문제입니다. 아이의 싸늘한 시선을 느끼고 싶다면, 단둘이 쇼핑 가자고 하면 됩니다. 아이는 차라리 혼자 가겠다고 할 테지만요.

자녀가 아직 가정에서 독립하지 못했다 하더라도, 그것이 정신적으로도 독립하지 못했다는 의미는 아닙니다.

친구 없이는 못 살겠어요

아이의 관심사는 가족에서 친구들로 완전히 변했습니다. 틈만 나면 친구들과 어울리려고 합니다. 너무 바빠서 가족과 집안일을 위한 시간은 전혀 없다고 하지요. 방 청소나 설거지를 할 시간은 없다면서 친구들과 시답잖은 일을 하며 놀러 다닐 시간은 많아 보입니다. 부모는 자녀의 친구들 중 절반은 누구인지조차 모르고, 나머지 절반은 괜찮은 아이들인지 확신이 서질 않습니다.

아이가 이성 친구와 연애라도 시작하게 되면 더더욱 심해져서, 다른 것들은 눈에 들어오지도 않습니다. 도대체 무슨 이야기를 하는 건지 전화기를 귀에서 뗄 줄을 모릅니다. 통화하는 아이의 눈은 전에 없이 초롱초롱 빛나기도 하고, 우울해 보이기도 합니다. '친구랑 무슨 일 있었니?'라고 물어보면 절대 안 됩니다. 아이는 질문이 끝나자마자 으르렁대기 시작할 것이고, 부모님은 '이번에도 내가 괜한 간섭을 했구나' 하고 생각하게 됩니다. 몇 달 동안 눈물과 싸움, 화해, 용서가 반복되는 전쟁 같은 시간을 지나면… 맙소사! 아이가 결국 이성 친구와 헤어진 것 같습니다! 이제 부모는 아이의 상심한 표정을 보며 혹시 우울증에 걸리지는 않을지, 나쁜 선택을 하지는 않을지 걱정이 되어 잠을 설치게 됩니다.

경험 없는 이상주의자가 돼요

아이들은 꿈을 이루기 위해 현실의 벽에 부딪혀본 경험이 거의 없습니다. 우리가 어렸을 때 그랬던 것처럼요. 그중에서도 특히 어른이 되기 위해 꼭 겪어야 할 두 가지 중요한 경험을 아직 하지 못한 경우가 많습니다. 첫째, 마음이 맞는 이성을 만나서 미래를 약속하고, 이 관계를 유지하기 위해 애써본 경험이 없습니다. 둘째, 경력을 관리하고 취업을 해서 돈을 벌어본 경험이 없습니다.

그러나 경험이 부족하다고 해서 의견이 없는 것은 아닙니다. 아이들은 삶에 대해 나름의 관점과 생각이 있습니다. 오히려 어릴수록 주관이 확고하고, 자신만의 생각에 완전히 빠져있는 경우가 더 많습니다. 누군가 이렇게 말했습니다. "풀리지 않는 고민이 있다면 사춘기 아이들에게 가져가라. 그 아이들은 세상에 대해 아직 모르는 것이 없다고 생각하고 있을 테니까." 10대의 특징을 잘 풍자하고 있지요. 아이들이 이렇게 생각하는 이유는 아직 가족, 학교, 국가, 세상을 보는 시야가 너무 좁고 단순하기 때문입니다. 시야가 좁으니 세상이 쉬워 보이지요. 어른들의 잘못이나 단점을 지적할 때에는 거의 변호사가 된 마냥 나름의 논리를 펼칩니다.

사춘기 자녀와 부모가 자주 다투는 이유도 여기에 있습니다. 마치 세상을 통달한 것처럼 뺀질거리는데 싸우지 않을 수가 없잖아요? 생각의 차이로 발생하는 부모와 자녀의 말다툼은 외나무다리 위의 결투처럼 해결책을 찾기가 어렵습니다. 그렇다고 해서 자녀의 의견을 깡그리 무시해서는 절대 안 됩니다. 쉽지는 않겠지만 감정을 추스르고 아이의 이야기에 귀를 기울여보세요. 그러면 그 안에서 세상에 도움이 되는 나름 쓸 만한 의견도 찾을 수도 있습니다.

위험한 게 좋아요

청소년기는 위험한 실험의 연속입니다. 부모님들은 자녀들이 교통사고가 나지는 않을까 하는 걱정부터 시작해서 약물중독이나 음주, 성적인 문제, 심지어 첨단기기를 얼마나, 어떻게 사용하는지까지도 염려해야 합니다. 어떤 아이들은 너무 겁이 없습니다. 청소년 사망률 연구에 따르면 술보다 스케이트보드 때문에 죽는 아이들이 더 많다고 합니다.

청소년기 아이들이 위험한 일에 매력을 느끼는 것은 아주 건강하고 자연스러운 현상입니다. 세상에는 신기하고 재미있는 일들이 너무 많으니까요! 부모와는 어딘가 다른 사람이 되고 싶다는 생각은 위험한 시도를 하도록 부추깁니다.

"엄마 아빠는 너무 따분해. 도대체 왜 이렇게 재미없게 사는 거야? 나는 달라. 난 흥미진진한 삶을 살 거야!"

청소년기 아이들은 자신이 마치 슈퍼히어로나 된 듯 부상과 죽음에서 자유롭다고 느끼고 위험한 행동을 하는 경우가 많습니다. 자신이 세상의 중심이라고 생각하기 때문입니다. 어린 시절에 비하면 이성적인 판단을 할 수 있을 만큼 자랐지만, 아직 이런저런 생각을 깊이 하기에는 경험과 사고력이 부족합니다. 청소년기에 만연한 이 안전 불감증 때문에 슬프게도 매년 많은 아이가 아무런 준비 없이 임신하거나 불의의 사고로 목숨을 잃습니다.

상황이 이러하니 부모는 자녀에 대한 걱정을 멈출 수가 없습니다. 하지만 부모의 걱정이 커질수록 아이들은 부모님과 대화하기가 불편해집니다. 말 한마디 한마디가 모두 간섭이나 의심처럼 느껴지니까요. 이어지는 3장에서는 위험하게만 보이는 아이들의 행동을 평화롭게 바라보는 방법에 대해 알아보겠습니다.

3장

너무 위험한 행동을 해요

다행히 대부분의 청소년기 아이들은 위험한 일만 찾아다니며 인생을 포기하지도, 게임에 중독되지도 않았습니다. 물론 주의할 필요는 있습니다. 아이들은 그리 위험해 보이지 않는 사소한 일부터 시도하다가 점점 더 위험한 일에 도전하고 큰 사고를 치곤 하니까요. 아이들은 호기심, 친구들에게 관심받고 싶은 마음, 즉흥적인 충동 등 다양한 원인으로 위험한 행동을 합니다. 수업을 땡땡이치면 어떻게 될지, 사람들과 관계가 단절되면 어떤 일이 벌어질지, 밤을 새우면 어떤 기분일지, 이상한 옷을 입으면 친구들의 반응이 어떨지, 독특한 머리 모양을 해보면 어떨지, 새로운 말투나 행동을 해보면 어떨지… 모든 것을 궁금해합니다.

사춘기 자녀가 있는 부모들이 가장 많이 걱정하는 '4대 위험 요소' 가 있습니다. 바로 운전, 음주와 약물, 성 경험, 첨단기기의 잘못된 사용입니다. 실제로 많은 청소년이 이 4대 위험 요소로 인해 목숨을 잃거나 신체적, 정신적으로 치유하기 어려운 상처를 입습니다. 10대 자녀를 둔 부모님들이 걱정하고 불안해하는 것은 당연합니다. 자녀에 대한 걱정과 불안으로 잠을 설치는 부모님들도 많을 것입니다. 더 큰 문제는 이런 불안이 부모의 숙면만 방해하는 것이 아니라 자녀와의 관계에도 매우 안 좋은 영향을 미친다는 것입니다. 부모와 관계가 나빠질수록 아이들이 상처받을 가능성도 커집니다.

운전

미국에서 발생하는 청소년 사망 사고 원인의 약 40%는 교통사고입니다. (한국에서도 역시 교통사고가 청소년 사망원인 2위입니다.) 보통 사람은 이런 통계 결과에 관심이 없겠지만 보험사는 다릅니다. 나이가 젊을수록 자동차 보험 가입비가 높은 이유도 젊은 운전자들의 높은 사고율 때문입니다. 만약 청소년 운전자가 착실해 보이지 않을 때는 보험가입비가 더 비싸집니다. 교통사고로 청소년 운전자만 사망하는 것은 아닙니다. 청소년이 운전하는 자동차, 오토바이에 타고 있는 친구들, 사고가 나는 상대 차량에 타고 있는 운전자와 동승자, 일반 보행자들, 자전거 운전자 등 남녀노소를 불문하고 피해자가 되어 다치거나 사망할 수 있습니다.

청소년들은 운전하면서 엄마와 아빠의 간섭에서 벗어나 자유와 스릴, 독립감을 느낍니다. 누군들 안 그러겠어요? 우리도 처음 운전대를 잡았을 때 마찬가지였잖아요.

2장에서 살펴본 것 같이 청소년기가 비정상적으로 길어진 사회에서 운전은 마치 성인이 된 듯한 자유와 책임감을 느끼게 해줍니다. 안타깝게도 아이들은 충분한 운전 연습을 해보지도 못한 채 법적으로 운전할 수 있는 권리를 갖습니다. 그러나 부족한 운전 경험보다도 더 큰 사고 원인이 있습니다. 바로 위험한 운전 습관입니다. 많은 청소년이 안전벨트 미착용이나 과속, 운전 중 스마트폰 사용으로 사고를 냅니다.

음주운전도 문제입니다. 청소년이 운전하다가 사고가 나서 목숨을 잃는 사건에서 음주운전이 원인으로 밝혀지는 경우가 많습니다. 음주

뿐만 아니라 약물을 복용하고 운전을 하다 사고를 내고 사망하는 사례도 많습니다.

운전과 관련된 문제는 더 있습니다. 아이들이 운전하면서 스마트폰 등의 전자기기를 사용하는 것도 문제입니다. 전자기기를 만지면서 운전하는 사람은 혈중알코올농도 0.08% 정도의 만취한 운전자만큼이나 위기 상황에 대한 대처가 늦습니다. 혈중알코올농도 0.05% 이상은 취했다고 보아 법적 처벌의 대상입니다. 블루투스를 이용해 직접 전자기기를 만지지 않았다고 해도 위험하기는 마찬가지입니다. 특히 문자 메시지는 전화 통화보다 더 위험합니다. 문자 메시지를 주고받는 동안 도로 상황에 대해 인식하지 못하는 시간이 평균 5초나 됩니다. 문자 메시지를 전송하면서 운전할 경우 사고 확률이 23배나 높아집니다. 게다가 운전 중에 스마트폰을 사용하는 사람의 비율은 10대에서 더 높게 나타납니다.

위험한 게 좋아요

청소년들에게 술은 아주 매력적입니다. 청소년이 보기에 어른은 술을 너무 사랑해서 자주 마시는 것 같습니다. 게다가 취하면 평소와 아주 다른 행동을 보입니다. 도대체 술이란 게 뭘까요? 술에 취하면 어떤 기분이 들까요? 술을 마시면 기분이 좋아질까요, 아니면 나빠질까요? 술을 마시면 자신감이 더 생기는 걸까요?

미국의 아이들은 전 세계 어느 나라보다 술과 약물을 많이 경험하고 있습니다. 처음에는 호기심만 가지고 있다가 친구의 유혹으로 시작하기도 합니다. 집안이 경제적으로 어렵거나 부모가 알코올 중독인 경우, 학교에서 왕따를 당하고 있거나 무관심으로 방치되어 있을 때는 더욱 쉽게 술과 약물의 유혹에 빠집니다. 로라 버크^{Laura Berk}의 〈아동발달 *Child Development*(9판)〉에 소개된 설문에서는 미국의 고등학교 1학년 학생 중 63% 학생이 음주 경험이 있고, 23% 학생은 최근 2주 내에 술을 마신 경험이 있다고 대답했습니다. 고등학교 3학년이 되면 4%의 학생이 매일 음주를 한다고 대답했습니다. (한국의 중·고등학생 중에서는 17%가량의 학생들이 한 달 내 음주 경험이 있다고 대답했습니다.)

흡연 역시 아이들에게는 관심의 대상입니다. 담배는 성인의 전유물이라는 점에서 충분히 매력적일 뿐만 아니라 정신을 각성시키고 집중력을 높여주기도 합니다. 미국의 고등학교 1학년 학생들의 25%가 담배를 경험했다고 합니다. (한국은 어떨까요? 중고등학생의 7% 정도가 흡연을 해보았다고 답했습니다.) 흡연하는 남학생이 여학생보다 훨씬 많지만, 여학생의 흡연율도 계속해서 증가하는 추세입니다.

미국 청소년이 마약을 사용하는 비율 역시 다른 어느 나라보다 높게 나타나고 있습니다. 고등학교를 졸업할 때쯤이면 이미 많은 학생이 불법적으로 마리화나를 경험한다고 합니다. 어떤 아이들은 암페타민, 코카인, PCP, 환각제, 헤로인, 마약 성분의 진통제 등 중독성이 높은 약물을 경험하기도 합니다.

미국 정부의 노력으로 청소년의 마약 사용률이 줄어드는 추세이긴 하지만 진정제, 환각제, 진통제 등의 오남용 문제는 여전히 풀기 힘든 숙제입니다. 의사의 적절한 처방을 받아서 약물을 사용하면 우울증을 비롯한 심리적 문제를 해결하는 데 도움이 되는 것은 사실입니다. 그러나 소수의 청소년은 호기심이나 치료를 위해서 약물을 사용하는 수준을 넘어서 삶의 고통과 힘든 감정을 잊으려다가 마약 중독이 되기도 합니다. (우리나라의 청소년들은 마약까지는 아니지만 1% 미만의 학생이 환각물질을 사용한 경험이 있다고 합니다.)

사랑과 성 경험

아이들이 주로 텔레비전을 보는 황금시간대에는 한 시간에 세 번꼴로 사랑에 관한 이야기가 나옵니다. 텔레비전 속 연인들은 서로를 사랑하는 마음에 자발적으로 성관계를 맺지요. 피임은 전혀 하지 않고, 성관계의 결과도 행복하기만 합니다. 텔레비전, 인터넷, 잡지 속 광고는 자극적인 내용을 끊임없이 쏟아냅니다. 이렇게 성적인 내용에 둘러싸여 살아가고 있지만 사실 미국의 부모님은 다른 나라에 비해 성에 관해 아주 보수적인 편입니다. 부모님들은 자녀 앞에서 성에 관한 이야기를 입에 올리지 않습니다. 성교육도 거의 없습니다. (이러한 사정은 한국도 크게 다르지 않습니다.)

부모님들이 용기를 내어 이야기를 꺼내도 대부분 뜬구름 잡는 이야기만 하다가 끝나는 경우가 많습니다. 성관계가 어떻게 이루어지는지 피상적인 수준에서만 이야기를 나눌 뿐 이성과 어떻게 감정을 나눠야 하는지, 좋은 관계나 성숙한 사랑이 무엇인지에 대해서는 이야기하지 않습니다. 아이들은 결국 인터넷, 영화, 잡지, 친구들과 같은 경로를 통해서 충분히 검증되지 않은 성지식을 배우게 됩니다.

보통의 부모님들이 성적인 이야기를 피하는 것과는 정반대로, 아이들이 듣는 음악은 성적인 주제와 가사로 넘쳐나고 있습니다. 예전에는 정신적인 사랑과 관계에 대한 노래가 많았는데 지금은 그렇지 않습니다. 시간이 지날수록 대중가요의 노랫말들이 점점 더 노골적으로 성적인 내용을 담습니다. 부모들의 바람과는 정반대이지요. 노래의 내용 자체도 이성과의 정서적인 교감보다는 성관계에 초점을 둔 것들이 많습니다. 성에 대해 쉽고 가볍게 다루지요.

겉으로는 성에 관해 이야기하기를 꺼리면서도 속으로는 성적인 자극이 넘쳐나는 사회에서 자라나는 아이들에게는 어떤 일이 일어날까요? 크게 두 가지 문제를 들 수 있습니다. 원하지 않는 임신과 성병 감염입니다. 최근 10년 동안 미국의 청소년 임신율은 줄어드는 추세이기는 하지만, 여전히 다른 나라에 비해 매우 높은 편입니다. 매년 75만 명의 청소년들이 원하지 않는 임신을 합니다. 이 중 35%가 낙태를 하고, 13%는 유산을 합니다. 그리고 아주 적은 수의 청소년들만이 자녀를 입양 보냅니다. 수십만의 청소년과 새로 태어난 그들의 아기는 전혀 준비가 안 된 채 위험하고 어려운 세상에 내던져집니다.

청소년 성관계의 또 다른 문제는 성병의 감염과 전염입니다. 다른 세대에 비해 미국 청소년들의 성병 발병률은 매우 높습니다. 모든 청소년이 성적으로 문란하다는 건 아닙니다. 하지만 일부 청소년은 정말 심각합니다. 한 연구에 따르면 성관계 경험이 있는 청소년의 절반 정도만이 고등학교를 졸업할 때쯤 되어서야 고정적인 상대와 성관계를 맺습니다. 고정적인 상대와 성관계를 맺는 경우 성병 발병과 전염 위험은 매우 낮아지지요.

청소년들의 성병 감염률이 높은 데에는 다른 이유도 있습니다. 피임 도구 구하기가 너무 어렵다는 것입니다. 청소년들이 부끄러워할 필요 없이 쉽게 구할 수 있으면서 저렴한 피임 도구가 거의 없습니다. 청소년들에게 콘돔이나 피임약을 제공해야 하는가에 대해서는 여전히 논란이 있습니다. 게다가 피임 도구가 있더라도 사용하지 않거나 잘못 사용하는 경우 또한 매우 많습니다. 많은 청소년이 구강성교나 질외사정으로는 성병이 전염되지 않는다고 알고 있는데, 이는 완전히 잘못된 정보입니다.

청소년의 성 문제와 관련하여 종종 간과하기 쉬운 것이 성 정체성에 관한 것입니다. 아이들은 자라면서 자신의 성적 성향을 자각하게 됩니다. 청소년의 4% 정도가 동성애자이고 2%는 양성애자이며, 4% 정도는 성 정체성의 혼란을 겪는다고 합니다. 친구와의 관계가 중요한 청소년기에 성 소수자 아이들의 어깨를 짓누르는 스트레스는 실로 어마어마합니다. 성 소수자 아이를 둔 부모 역시 근심 걱정이 많기는 마찬가지입니다. 흔히 LGBTQ^{Lesbian, Gay, Bisexual, Transgender and Queer}로 지칭되는 성 소수자 청소년 중 우울증, 자살, 왕따의 비율이 높기 때문이지요.

첨단기기

청소년이 친구와 소통하기 위해 첨단기기를 사용하는 시간은 점점 더 늘어나고 있습니다. 어른도 마찬가지지요. 최근 조사에 따르면 청소년들은 하루 중 평균 9시간 이상을 텔레비전, 스마트폰, 음악 감상, 컴퓨터, 비디오 게임, 온라인 잡지, 영화 감상 등에 사용한다고 합니다. 영화를 보면서 문자 메시지를 보내거나 태블릿 PC로 인터넷을 하는 등 여러 가지를 한꺼번에 하는 경우도 많습니다. 한 설문에서는 응답자의 24%가 거의 온종일 온라인에 연결되어 있다고 답했습니다.

21세기 첨단기기의 발전 속도는 가히 눈부실 정도입니다. 우리 사회와 아이들에게 긍정적인 영향을 수없이 많이 주었지요. 하지만 그만큼 부정적인 영향이 많은 것 역시 사실입니다. 운전, 음주와 약물, 성 경험 문제만큼이나 첨단기기의 잘못된 사용 역시 위험합니다. 인터넷, 텔레비전, 영화에서는 폭력적인 내용이 끊임없이 쏟아집니다. 뉴스에서도 매일 심각한 범죄와 사고, 전쟁에 관한 보도가 나옵니다. 중학생 정도 된 아이는 텔레비전에서 수천 번의 살인 사건을 보고 자랐고, 게임 속에서는 이미 수많은 살인을 저질렀습니다. 유명한 게임 'GTA^{Grand Theft Auto}'의 목표는 범죄를 저질러서 암흑세계의 보스가 되는 것입니다. '콜 오브 듀티^{Call of Duty}' 시리즈는 온라인에서 다른 사람과 팀을 이뤄 세계대전의 최전방에서 적군을 죽이는

⚠ 주의

자녀와 첨단기기에 관한 대화를 나눌 때는 더 주의를 기울이고, 조심할 필요가 있습니다. 아이들은 부모가 생각하는 것보다 훨씬 많은 것을 알고 있으니까요! 심사숙고해서 의견을 제시하는 것이 좋습니다. 생각해볼 만한 중요한 질문을 한 뒤, 잘 들어주는 태도가 필요합니다.

게임입니다.

또 다른 문제는 첨단기기를 통해 너무 쉽게 음란물을 접한다는 것입니다. (한국에서는 16%의 아이들이 성인용 영상물을 접한 적이 있다고 합니다.) 이는 몇 년 전에 비하면 두 배 이상 증가한 수치입니다. 미국에서는 아이들이 성인물을 접하는 평균 나이가 12살입니다. 패밀리 세이프 미디어 Family Safe Media에 따르면, 인터넷으로 포르노를 시청하는 사람 중 13살 이상 18살 이하의 비율이 가장 높다고 합니다. 성범죄에 노출되는 것도 문제입니다. 청소년 7명 중 1명 정도는 인터넷이나 문자 메시지를 통해 모르는 사람에게 성매매 제안을 받아보았다고 합니다.

사이버 폭력으로 괴로워하는 아이들도 있습니다. 사이버 폭력은 스마트폰이나 소셜 네트워크를 통해서 친구들을 괴롭히고 상처입히는 행위를 말합니다. 사이버 폭력은 직접 얼굴을 보지 않아도 피해자를 괴롭힐 수 있다는 점에서 더 위험합니다.

첨단기기의 급속한 발달 또한 부모 자녀 관계에 부정적인 영향을 미칩니다. 비디오 게임이나 스마트폰을 너무 많이 해서, 전화 요금이 너무 많이 나와서, 영화나 게임이 너무 폭력적이어서… 다양한 이유로 말싸움이 시작됩니다. 이렇게 시작된 싸움은 부모에게 불리하게 흐르기 일쑤입니다. 부모가 잘 몰라서 불안해하는 데 비해 청소년들은 첨단기기에 대해 훨씬 더 많이 알고 있기 때문입니다. 오늘날의 첨단기술은 너무 빨리, 너무 많은 것이 변하기 때문에 어른들이 아이들만큼 잘 알기는 어렵습니다. 부모가 어렸을 때 컴퓨터로 하던 일을 요즘 아이들은 스마트폰으로 합니다. 예전에는 비디오 게임기로만 게임을 할 수 있었는데 이제는 컴퓨터, 스마트폰, 휴대용 게임기로도 할 수 있습니다.

위에서 말한 것 외에도 두 가지 부작용이 더 있습니다. 하나는 신체 활동 시간이 더욱 줄어들고, 시간을 낭비하게 된다는 것입니다. 하루 중 9시간이나 기계를 사용하는 건 지나친 시간 낭비입니다. 기계를 만지는 대신에 하루에 1시간만 운동해도 훨씬 밝은 미래가 올 것입니다. 신체가 건강하면 마음도 함께 건강해질 뿐만 아니라 스트레스를 이겨내는 힘도 커집니다. 행복한 성인이 되기 위해서는 이 모든 것이 꼭 필요합니다.

시간 낭비의 문제는 어떨까요? 우리 자녀들은 미래를 준비하기 위해 많은 것들을 준비하고, 노력해야 할 시기에 있습니다. 말콤 글래드웰Malcom Gladwell의 책 〈아웃라이어: 성공의 기회를 발견한 사람들Outliers:

The Story of Sucess〉에서는 '1만 시간의 법칙'을 소개하고 있습니다. 분야를 막론하고 인정받는 전문가가 되기 위해서는 1만 시간 이상의 연습을 해야 한다는 것입니다. 일주일에 40시간씩 연습하면 5년 정도가 걸립니다. 훌륭한 피아노 연주자나 뛰어난 농구 선수가 되고 싶으신가요? 1만 시간만 연습하세요.

하루 8시간씩 전자기기를 만지면서 자란 자녀가 15살이 되었다고 생각해보세요. 이 아이는 무려 4만 시간을 전자기기를 다루면서 보낸 것입니다. 이런 상황에서 아이가 전자기기를 갖고 놀게 내버려 둬도 괜찮을까요? 〈아웃라이어〉 대로라면 전자기기를 사용하는 시간을 다른 일에 사용했을 때 이미 네 가지 분야에서 남들이 따라올 수 없을 만한 전문가가 되고도 남았을 것입니다. 이 시간을 효과적으로 활용하면 아이의 미래와 직업, 취미, 경력이 어떻게 달라질지 상상해보세요. 전자기기에 푹 빠져있는 동안 아이는 자신의 미래를 허비하고 있는 것이나 마찬가지입니다.

4장

부모 역할, 잘하고 있나요?

사춘기 자녀가 부모를 점점 멀리하거나 계속해서 화나게 한다고 해서 그리 놀랄 필요는 없습니다. 정상적인 성장 과정을 거친 보통의 아이라면 사춘기에 그런 행동을 합니다. 그리고 보통의 부모님들은 청소년기 자녀의 이런 모습에 대해 비슷한 생각과 감정, 행동을 보여주기 마련입니다. 따라서 부모님들이 사춘기 자녀의 행동에 대해 보이는 일반적인 반응을 먼저 배워볼 것입니다. 여기에서부터 사춘기 자녀와 건강하고 행복한 관계를 맺기 위한 첫걸음이 시작됩니다. 이전과는 완전히 다르게, 마치 외계인처럼 변해버린 아이의 행동에 부모들이 어떤 반응을 보이는지, 왜 그런 반응을 하는지 알아봅시다.

대개 청소년은 부모님을 걱정시키기 마련입니다. 앞에서 살펴본 운전, 음주, 성 경험, 첨단기기와 같은 문제가 계속해서 일어나니까요. 이런 상황에서 아이의 생각을 알아보려고 하거나 잔소리를 하려고 하면 아이는 입을 꾹 다물어버리기 일쑤입니다. 그렇다고 기분 나빠할 필요는 전혀 없습니다. 사춘기 자녀의 이런 반응은 지극히 정상이거든요. 물론 부모님은 아이에게 거부당했다는 생각에 걱정과 불안이 멈추지 않겠지만요.

생각이 감정을 지배한다는 사실은 알고 계시지요? 객관적인 상황은 물론 중요합니다. 그러나 같은 상황이라도 내가 어떻게 생각하고 받아들이느냐에 따라 느끼는 감정은 완전히 달라집니다. 그리고 감정은 행동에 많은 영향을 미칩니다. 이런 관점을 사춘기 자녀 때문에 고민 중인 아주 평범하고 성실한, 일반적인 부모님의 상황과 연결해서 살펴보겠습니다.

쌀쌀맞은 아이

이 책의 첫 부분에서 17살 아이가 부모의 질문에 무시하는 듯한 차가운 태도를 보이던 장면 기억하시나요? "오늘 하루 어땠니?"라는 가벼운 질문에 귀찮은 듯 대답을 거부하던 아이요. "그냥 그랬어요"라고 대답하기는 했다고요? 음… 무언가 말은 했지만 그게 제대로 된 대답이라고 보긴 어렵지요.

청소년기 자녀가 부모를 차갑게 대하는 방식에도 여러 가지가 있습니다. 부모의 친절한 질문에 입을 꾹 다물고 있거나, 방문을 잠그고 나오지 않습니다. 집 밖에서 부모를 피해 다닌다든지 친구와는 신나게 떠들다가도 부모에게는 사무적이고 짧게 말하는 등 정말로 다양합니다.

아이의 차가운 태도에 부모님은 이런 생각을 하게 됩니다.

'저 녀석이 고마운 줄도 모르고!'
'누가 밥 먹여주는지 잊어버린 거야!?'
'도대체 뭐가 문제야?'
'딱 3초만 예의 있게 대답하는 게 그리 힘든가?'

앞서 말했듯이 생각은 감정을 지배합니다. 아이의 쌀쌀맞은 행동에 이런 생각이 하나둘씩 올라오기 시작하면 짜증을 넘어 화가 나기 시작합니다.

불안하게 하는 아이

이번에는 위험을 즐기며 부모를 불안하게 하는 성향의 자녀에 관해 이야기해보겠습니다. 이런 아이의 부모님은 자녀가 더 이상 품 안에 있는 아기가 아니라는 것을 깨닫고 불안해합니다. 아마 속으로 이런 생각을 하고 있을지도 모릅니다.

'혹시 애가 임신이라도 하면 어떻게 하지?'
'나 몰래 술이라도 마시고 다니는 건 아니겠지?'

'다른 친구들이랑 싸우거나 다치면 안 되는데…'

'술 먹고 운전하다가 다른 사람을 치지는 않겠지?'

생각은 감정을 지배하므로, 당연히 이런 생각은 부모를 걱정과 불안으로 몰아넣습니다.

사실 세상에는 부정할 수 없는 비밀스러운 법칙이 하나 있습니다. 모든 인간에게 동일하게 적용되는 법칙인데, 누가 나를 겁먹게 하거나 불안하게 만들면 배로 돌려주고 싶어진다는 것입니다. 이 법칙은 부모 자식 관계에서도 마찬가지입니다.

갑자기 차도로 뛰어드는 3살 아이를 둔 엄마의 표정을 본 적이 있나요? 학교가 끝난 지 2시간이나 지났는데 연락도 없이 돌아오지 않는 아이를 기다리는 아빠의 얼굴은 어떨까요? 많이 화나고 놀라는 것이 당연하죠. 분노와 그 이상의 불안, 공포로 폭발하기 일보 직전일 것입니다.

쌀쌀맞고 불안한 아이가 화내고 짜증내는 부모를 만든다

요컨대 부모에게 쌀쌀맞은 아이와 부모를 불안하게 하는 아이의 상황은 겉으로는 달라 보이지만, 본질은 같다고 할 수 있습니다. 부모를 화나고 짜증 나게 한다는 것입니다. 어떤 날은 조금 더하고, 어떤 날은 조금 덜하겠지만 결국 부모의 기분을 상하게 하는 것은 마찬가지입니다. 사실, 문제 상황이 생기기 전부터 사춘기 자녀와 부모의 관계는 이미 멀어지고 있었을 가능성이 큽니다. 부모가 보이는 반응에 따라 관계는 더 나빠지고, 서로에 대한 미움도 더 커집니다. 상황이 심각해지면 부모가 자녀에게 씻을 수 없는 마음의 상처를 주기도 합니다.

자녀와 점점 멀어지게 하는 화나고 짜증 난 부모의 행동이란 도대체 뭘까요? 함께 알아보겠습니다.

1. 자녀와 똑같이 쌀쌀맞아집니다. 말하기 싫다는데 굳이 말 걸 필요가 뭐가 있겠어요?
2. '부모의 4대 죄악'을 저질러서 자녀의 화를 돋웁니다. 부모의 4대 죄악에 관해서는 이 책의 13장에서 알아볼 것입니다.
3. 선입견으로 자녀의 말을 꼬아서 듣습니다.
4. 고리타분하고 융통성 없이 자녀를 대합니다. 이런 부모들은 매일 똑같이 '오늘은 어땠니?'라는 질문만 반복할 뿐, 대화다운 대화를 하지 못합니다.
5. 효과가 없는데도 아이들을 통제하려고만 듭니다.

결국은 파국이에요

부모가 화를 내고 짜증을 낼수록 자녀와의 관계는 점점 망가지고, 보이지 않는 벽은 더욱 높아집니다. 부모와 자식 사이의 관계가 망가지면 양쪽 모두가 힘들어진다는 것은 너무나 뻔합니다. 더 심각한 것은 부모와 관계가 나쁜 자녀는 자신이 속한 공동체와 사회에도 악영향을 미칠 가능성이 크다는 점입니다.

몇 년 전, 스미스 부부가 자녀 문제로 상담을 요청했습니다. 그분들은 사무실에 들어올 때부터 몹시 어둡고, 우울해 보일 뿐 아니라 슬퍼 보이기까지 했습니다. 상담을 요청한 이유를 물으니 부부는 자신들의 이야기를 들려주었습니다.

스미스 부부가 나를 찾아오기 한두 달 전의 일이었습니다. 어느 토요일 아침에 부부는 어린 자녀들과 함께 앞마당에서 놀고 있었습니다. 스미스 가족이 교외에 새로 지은 집에 이사 온 지 얼마 안 되었을 때라고 했습니다. 바로 그때 조금 떨어진 이웃집에서 부모와 자식 간의 싸움이 있었습니다. 이야기는 17살 아들의 성적에서 시작되었지요. 아들은 부모가 자신의 과제에 왈가왈부하는 것을 더는 원하지 않았습니다. 잔소리 좀 그만하라며 목소리가 점점 커졌습니다.

싸움의 결과는 좋지 않았습니다. 아들은 발끈하더니 그 길로 뛰쳐나가 자동차에 올라탔습니다. 화가 난 만큼 세게 가속 페달을 밟았고, 스미스 부부의 집 근처를 지날 때는 속도계가 이미 시속 80km를 가리키고 있었습니다. 그런데 구부러진 길이라 제대로 경로를 바꾸지 못했고, 불행히도 스미스 부부의 앞마당을 가로질러 그대로 스미스 부부의 네 살 딸을 치고야 말았습니다. 차에 부딪힌 걸 보고 엄마가 정신없이 달려가 아이를 안았지만 아이는 엄마와 눈이 마주친 순간 눈이 스르르 감겼습니다. 엄마의 품 안에서 세상을 떠난 것입니다.

이웃집 소년이 부모와 싸우지 않았다면 스미스 부부의 딸은 죽지 않았을 것입니다. 물론 세상에 존재하는 모든 부모와 청소년 자녀의 논쟁을 막는 것은 불가능합니다. 그러나 불변의 진실이 하나 있습니다. 부모와 자녀가 서로 멀어지고 마음의 벽이 높아질수록 자녀가 문제를 일으킬 가능성이 커집니다. 운전, 음주, 성 문제, 첨단기기와 관련된 문제들 말입니다. 주변에서 이와 비슷한 사례들을 매일같이 볼 수 있습니다. 이미 3장에서 살펴본 것과 같이 말입니다.

다시 한번 강조하지만, 부모와 자녀가 서로를 적대시하고 멀리하면 서로 힘들어질 뿐만 아니라 주변의 관련 없는 사람에게까지 피해를 줍니다. 이런 상황은 어떠한 부모도 원하지 않을 것입니다.

그러면 어떻게 해야 할까요? 우리는 청소년기 자녀를 효과적으로 양육할 방법을 알아가는 중입니다. 1장에서는 청소년기가 갖는 중요성과 가치에 대해서 알아보았고, 2장에서는 청소년기 아이들이 보이는 일반적인 행동에 대해 알아보았습니다. 3장에서는 청소년기 아이들이 저지를 수 있는 위험한 행동에 대해 알아보았고, 책의 도입부와 이번 장을 통해 쌀쌀맞아진 청소년기 아이들에게 부모들이 어떻게 반응하는지 알아봤습니다. 이어지는 5장에서는 청소년기 자녀의 양육 방식이 이전과 어떻게 달라져야 하는지를 알아보겠습니다.

5장

청소년 자녀를 둔 부모의 새로운 역할

사춘기 자녀와의 갈등으로 고민이 많은 가족을 상상해봅시다. 이 부모님이 청소년기 자녀를 대하는 새로운 방법을 배울 준비가 되었을까요? 그렇지 않습니다. 왜 그럴까요? 16살 된 아이가 부모가 뭐라고 말하든 통명스러운 반응만 보이기 때문입니다. 아침에 '잘 잤니?'하고 물었을 뿐인데 아이는 까칠하게 반응합니다. 부모는 '뭐야, 우리를 아주 똥으로도 안 보는군' 같은 생각이 절로 듭니다.

청소년기 자녀 때문에 머리가 다 빠져버릴 것 같은 부모들을 어떻게 도울 수 있을까요? 우선 부모의 고민에 공감하는 것에서부터 시작해봅시다. 무뚝뚝하고 차가워진 자녀와 같은 집에 사는 것만큼 고통스러운 일도 없습니다. 그러나 사춘기 아이들이 보여주는 차가운 태도는 지극히 정상입니다. 전 세계의 10대들이 다 똑같은 모습을 보입니다. 절대 엄마와 아빠가 무언가 잘못해서 그러는 것도, 부모 말을 완전히 무시하고 자기 마음대로 하는 사고뭉치가 되려는 것도 아닙니다. 계속해서 부모에게서 멀어지려고 하는 것은 아이들이 스스로 선택하지도 않은 데다 길고 지루하기까지 한, 재앙과 같은 사춘기를 버티는 나름의 방법입니다.

여기서 전해드릴 청소년기 자녀를 잘 키우기 위한 부모님의 새로운 역할과 마음가짐에 관한 좋은 소식과 나쁜 소식이 있습니다.

나쁜 소식

나쁜 소식은 총 세 가지입니다. 첫째, 자녀가 자랄수록 부모의 걱정도 비교할 수 없을 만큼 늘어납니다. 왜 그럴까요? 아이들이 일으키는 문제의 차원이 달라지기 때문입니다. 어렸을 때는 아이가 너무 늦게 자거나 편식을 해서, 동생과 다퉈서 걱정이었다면, 이제는 자녀의 음

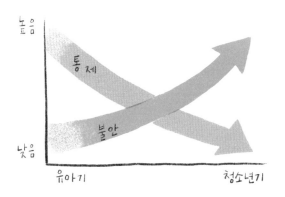

주, 교통사고, 성 문제, 약물중독 등이 걱정거리입니다.

둘째, 사춘기 자녀의 행동이 점점 더 위험해지고 심각해지는 데 반해 자녀에 대한 부모의 통제력은 급속도로 줄어듭니다. 갓난아이가 침대 밖으로 나오는 정도의 문제는 해결하기가 매우 쉽습니다. 초등학생 자녀가 편식하고 고집 피우는 문제도 방법만 알면 그다지 어려운 문제는 아닙니다. 타임아웃과 같은 방법으로 충분히 해결할 수 있지요. 그러나 청소년기 자녀를 대할 때는 이야기가 완전히 달라집니다. 부모와 대화가 잘 안 되면 집을 나가버리면 그만이니까요. 성관계를 하거나 호기심에 담배를 피워볼 수도 있고, 몰래 음란 사이트에 접속할 수도 있습니다. 자녀를 물리적으로 구속하는 것이 더는 불가능해집니다.

셋째, 자녀와의 관계를 개선하고 자녀에게 긍정적인 영향을 미치고 싶다면 먼저 부모가 변해야 합니다. 아이들의 머릿속은 다양한 관심사로 가득 차 부모에 대해서는 생각조차 할 수 없을 정도입니다. 그러니 부모가 먼저 손을 내밀어야 합니다.

좋은 소식

나쁜 소식만 있다면 너무 힘들겠지요? 다행히 좋은 소식도 있습니다. 첫째, 모든 청소년이 우리가 걱정하는 것만큼은 심각하지 않습니다. 아이들 모두가 살인을 하거나,

교통사고를 내거나, 담배에 중독되거나, 임신하거나, 성병에 걸리거나, 첨단기기에 미친 듯이 중독되지는 않습니다. 부모가 양육 전문가가 아니더라도 대개 아이들은 건강하고 행복하게 자랍니다.

둘째, 아이들의 생각과 가치관은 사실 부모들이 걱정하는 것만큼 특이하거나 획기적이지 않습니다. 청소년기 아이들이 친구들에게 많은 영향을 받는 것은 패션, 외모, 음악 취향, 친구 관계, 어른을 대하는 방법 정도입니다. 오히려 배려, 성실, 질서, 규칙 준수, 협동, 근면, 용기 등 삶에서 꼭 필요한 기본적인 가치들은 부모로부터 훨씬 더 큰 영향을 받습니다. 진로와 학업 계획에 부모가 미치는 영향도 생각보다 큽니다.

셋째, 겉으로 드러나는 것과 달리 아이들은 부모가 자신에 대해 어떻게 생각하는지 신경을 많이 씁니다. 자신에게 닥친 문제에 대해서도 고민이 많습니다. 그래서 부모가 자신을 차갑게 대하면 상처를 받습니다. 자기가 부모에게 어떻게 대하는지는 생각하지 못하면서요. 물론 청소년기 자녀 때문에 상처받고 속상한 부모가 자녀를 칭찬하거나 격려하기란 매우 어려운 일입니다. 하지만 사춘기 아이들은 자신이 매일매일 아주 힘든 일을 최선을 다해서 해내고 있다고 생각합니다. 왜 안 그렇겠어요? 아침에 일어나서 샤워도 하고, 밥까지 먹고 있잖아요. 게다가 이마에 백두산만 한 여드름이 생겨서 친구들 눈치가 보이는데도 불구하고 용기를 내서 학교에 가잖아요.

넷째, 다행히도 다양한 연구를 통해 청소년기 자녀와 건강한 관계를 맺을 수 있는 검증되고 효과적인 방법이 있습니다. 자녀의 행동에 대해 합리적인 가이드라인을 주고, 자녀를 열린 마음으로 친근하게 대하는 것입니다. 적대적으로 대하거나 거리를 두는 태도는 최대한 줄여야 합니다. 부모의 이러한 태도는 자녀의 성적 향상에 도움이 될 뿐만 아니라 가족 관계에도 긍정적인 영향을 미칩니다. 물론 항상 바람직한 부모의 모습으로 행동하기는 어려울 것입니다. 어쩌면 너무 늦었을 수도 있고요. 그래도 일단은 이 두 가지를 목표로 이야기를 이어 가보겠습니다.

새로운 역할

1. 우리 집만의 문제라고 생각하지 마세요. 청소년기 아이들이 과격한 행동을 하는 이유가 꼭 부모님 때문은 아닙니다. 그냥 사춘기이기 때문에 그렇게 행동하는 것입니다. 부모가 자녀를 잘못 키워서 그런 게 아니라는 겁니다. 이렇게만 생각을 바꾸기만 해도 자녀를 훨씬 너그럽게 대할 수 있습니다.

2. 관리는 하되, 결과는 하늘에 맡기세요. 청소년기 자녀들은 제발 자기를 내버려 두라고 이야기합니다. 부모가 볼 때는 안타까운 일이지요. 아직 아이들에게는 합리적인 조언과 관리가 필요하니까요. 하지만 자녀의 문제에 대해 침묵하는 것과 자녀 스스로 선택하고 문제를 해결할 수 있도록 기다려주는 것은 구분해야 합니다.

3. 더 좋은 관계를 만들어가세요. '오늘 어땠니?'라는 간단한 질문에도 퉁명스럽게 대답하는 아이를 친절하게 대하기란 쉽지 않습니다. 어떻게 하면 좋을까요? 우선 부모의 4대 죄악을 저지르지 말아야

죠. 대신 관계 형성을 위한 방법 네 가지를 시도하세요. 부모의 4대 죄악과 관계 형성을 위한 네 가지 방법은 뒤에서 함께 알아보도록 하겠습니다.

4. 자녀를 바꾸기보다는 자신을 바꾸세요. 가정에 힘든 일이 생겼을 때 자녀를 책임져야 하는 사람은 결국 부모님입니다. 자녀와의 사이에 생긴 불편한 감정이 누구에게서 비롯됐는지, 누가 더 큰 책임을 져야 하는지 두부 자르듯이 명확하게 알 수 있을까요? 그럴 수 없다면 먼저 자신을 돌아보고, 자신의 감정과 행동을 다스리세요.

5. 편안한 마음으로 자녀의 삶을 지켜보세요. 1~4번을 잘 받아들이고 실천할 수 있다면 마음의 평화를 얻을 수 있을 겁니다. 물론 시간은 걸리겠지만요. 이제 조급함이나 부담감은 내려놓고 가능성이 무궁무진한 자녀의 삶을 영화 보듯 바라보세요.

더 이상 자녀를 부모 마음대로 조종하려 하지 않는 것이 최우선 목표입니다. 그래야 자녀가 건강하게 성장해서 부모로부터 독립하고 새로운 관계도 맺어가면서 인생을 즐기고 세상에 보탬이 되는 사람이 될 수 있습니다.

이제는 부모가 감시자에서 동반자로 변해야 할 순간입니다. 그러면 자녀는 부모와 건강하고 따뜻한 관계를 바탕으로 사춘기를 잘 지내고 건강하고 훌륭한 성인이 될 것입니다.

Part 2

특별하게 받아들이지 마세요

6장

아이들이 왜 차가워졌을까?

청소년기 아이들의 받아들이기 어려운 행동을 이해하기 위한 첫 번째 단계는 아이들이 쌀쌀맞고 냉소적으로 변한 이유를 아는 것입니다. 이 책을 시작하면서 별생각 없이 자녀에게 하루가 어땠는지를 물어보는 부모의 이야기를 소개했습니다. 아이는 무심한 태도로 까칠하게 대답했지요. 청소년기 자녀를 키우는 부모라면 이런 대화를 여러 번 겪어보셨을 것입니다. 대화가 이어지지 않을뿐더러 서로 짜증 나고 기분만 나빠지지요. 앞서 4장에서 부모들이 이런 대화에 대해 어떤 느낌과 생각이 드는지 살펴보았습니다. '도대체 뭐가 문제야?'나 '고마운 줄도 모르고!'였죠. 부모는 자녀에게 거부당했다는 사실에 화가 나기 마련입니다.

생각은 감정을 지배합니다. 적어도 하루에 세 번 이상은 통화를 하던 언니가 있다고 가정해봅시다. 그런데 갑자기 일주일 동안 아무런 연락이 없습니다. '혹시 내가 뭐 실수하거나 잘못했나?'라고 생각하며 걱정이 되기 시작할 겁니다. 아니면 '문자 메시지나 전화, 이메일로 잠깐이라도 연락할 수 있잖아… 정말 무신경하다니까'라는 생각이 들며 짜증이 날 수도 있지요.

연락이 안 된 지 8일째 되던 날, 용기를 내서 먼저 연락을 했습니다. 그리고 조카가 폐렴에 걸려서 병원에 입원했고 언니는 아이를 돌보느라 정신이 없었다는 사실을 알게 됐습니다. 언니는 전화할 틈도 없이 아이를 돌보며 여기저기 뛰어다녔겠지요. 혼자 전전긍긍하면서요. 내가 잘못한 것도, 언니가 무신경한 것도 아니었습니다. 만약 언니의 상황에 대해서 더 잘 알고 있었더라면 그렇게 생각하지 않았겠죠. 오해 대신 이해를 할 수 있었을 겁니다. '세상에! 얼마나 속상했을까!' 하며 공감하고 걱정하지 않았을까요?

자, 이 마음가짐을 차가워진 자녀와의 관계에도 적용해봅시다. 부모 교육 세미나에 참석하는 부모들은 대부분 청소년기 자녀들에게 냉대를 받아본 경험이 있습니다. 그래서 아이들이 부모를 차갑게 대하는 이유가 무엇이라고 생각하는지 자주 묻곤 합니다. 그럼 부모들은 보통 이렇게 대답합니다.

"어려서 뭘 몰라요."

"특별한 이유가 있겠어요?"

"예의가 없어서 그래요."

"별로 말하고 싶지 않은가 보죠."

"자기 세상에 빠져있다니까요."

자녀를 충분히 이해하지 못한 답변들입니다. 게다가 이런 생각은 부모를 더욱 우울하게 만들기까지 합니다.

"됐어요"와 "별일 없어요"에 숨은 의미

믿기 어려우실 수도 있겠지만, 청소년기 아이들이 쌀쌀맞게 변하는 이유를 알아보겠습니다. 이유를 알고 나면 부모님의 마음이 조금 더 편안해질 겁니다. 우선 우리가 17살이던 시절로 돌아가서 한 번 생각해봅시다. 그 시절 우리 부모님이 오늘 하루 어땠냐고 물어보면 어떤 느낌이 들었나요? 아마 이런 느낌이었을 것입니다.

'일단 질문이 별로 반갑지 않다. 꼭 필요한 질문도 아닐뿐더러, 왠지 나를 떠보고 조사하는 것 같은 느낌이 든다.'

왜 그럴까요? 답은 간단합니다. 질문을 받은 사람이 청소년이기 때문입니다. 내 삶을 스스로 결정할 수 있는 주도권을 갖고 싶고, 더는 어린아이 취급받기 싫습니다. 내 모든 사생활을 부모와 공유하고 싶지는 않지요. 속 이야기는 점점 친구들과 하게 되고, 부모와의 대화는 줄어듭니다. 도대체 어떤 청소년이 친구 관계, 성 경험, 좋아하는 이성 친구, 흡연에 대한 호기심, 교실에서 있었던 창피한 일에 대해 부모와 이야기하고 싶어 하겠어요? 물리적, 경제적으로는 집을 떠날 준비가 안되어 있지만, 마음속으로는 이미 수백 번 독립하고도 남았을 겁니다.

10대들은 부모의 별다른 의도가 없는 말을 마음대로 왜곡해서 듣는 경우가 많습니다. 부모가 의도하지 않은 것까지도 상상합니다. 그러다 보니 '오늘 어땠니?' 같은 일상적인 질문이 잔소리나 자신의 하루를 캐묻고 조사하는 말처럼 느껴집니다. 부모가 어떤 식으로 말했는지는 중요하지 않습니다. '오늘 어땠니?'라는 질문을 청소년기 자녀가 어떻게 받아들이는지 더 자세히 알아보겠습니다.

부모의 말	자녀가 받아들이는 말
오늘 어땠니?	우리 아가, 오늘 별일 없었어요?
오늘 어땠니?	자, 지금부터 오늘 하루 있었던 일을 빠짐없이 보고해봐.
오늘 어땠니?	혹시 오늘 잘못한 게 있다면 지금 당장 털어놔.

속으로는 '제발 그 입 좀 다물어주세요!'라고 말하고 싶지만, 그렇게 말하기에는 우리 아이들의 마음이 너무 여리고 착합니다. 이번에는 쌀쌀맞게만 보이는 아이의 대답 속에 실제로는 어떤 의미가 숨겨져 있는지 살펴보겠습니다.

부모의 말	자녀의 대답	자녀의 속마음
오늘 어땠니?	그냥요.	또 시작이네.
오늘 뭐 했어?	별거 없어요.	귀찮게 좀 하지 마요.
사회 숙제 했니?	네.	도대체 뭐가 문제예요?
사회 시간에 뭐 배웠니?	아무것도요.	제발 좀 내버려둬요! 아무것도 필요 없으니까.

대화를 시도할수록 서로 기분만 나빠집니다. 사실, 대화를 시도하는

부모의 마음속에도 다른 의도가 숨겨져 있을 수도 있지요. 게다가 자녀가 청소년기에 접어들면서 관계는 이미 멀어지기 시작합니다. 예전과 같은 말을 건네는데도 대화가 이어지지 못하고 자꾸만 벽에 부딪힙니다. 아니, 부모의 말 역시 예전과는 다른 의미를 지니고 있을지도 모릅니다.

부모의 말	자녀의 대답	부모의 속마음
오늘 어땠니?	그냥요.	우리 뭔가 변화가 필요한 것 같지 않니?
오늘 뭐 했어?	별거 없어요.	으이그! 정말 예의 없이 그럴래?
사회 숙제 했니?	네.	상전 나셨네, 아주. 오늘 뭐했는지 잠깐 얘기하는 게 그렇게 어렵니?
사회 시간에 뭐 배웠니?	아무것도요.	정말 바보 멍청이구나! 하지만 네 마음대로 다 하게 두지는 않을 거야!

이 대화들을 묶어보겠습니다. 겉으로 보이는 말과 숨겨진 의미가 어떻게 다른지 알 수 있을 겁니다.

겉으로 보이는 대화	속마음
오늘 어땠니?	우리 뭔가 변화가 필요한 것 같지 않니?
그냥요.	또 시작이네.
오늘 뭐 했어?	으이구! 정말 예의 없이 그럴래!
별거 없어요.	귀찮게 좀 하지 마요.

사회 숙제 했니?	상전 나셨네, 아주. 오늘 뭐 했는지 잠깐 이야기하는 게 그렇게 어렵니?
네.	도대체 뭐가 문제예요?
사회 시간에 뭐 배웠니?	정말 바보 멍청이구나! 하지만 네 마음대로 다 하게 두지는 않을 거야!
아무것도요.	제발 좀 내버려둬요! 아무것도 필요 없으니까.

합리적으로 생각하고 현실적으로 대처하자

이 문제를 해결할 방법은 없을까요? 부모의 마음가짐을 바꾸는 것이 가장 빠른 방법입니다. 우선 우리가 어렸을 때는 어땠는지 돌이켜 봅시다. 솔직하게, 있는 그대로요. 이 방법으로 자녀와의 문제를 합리적으로 바라볼 수 있게 되고, 마음의 평화도 되찾을 수 있습니다. 청소년기 자녀와의 관계에서 부모를 좌절시키는 생각에는 대부분 근거가 없습니다. 정말 말도 안 되는 생각이 많죠. 2장부터 5장에 걸쳐 살펴본 새로운 생각으로 머릿속을 완전히 바꿔보세요. 그게 훨씬 더 적절하고 지혜로운 선택입니다.

열린 마음으로 새로운 생각들을 받아들이세요. 합리적이고 현실적일 뿐만 아니라 마음도 더 편안해집니다. 청소년기는 힘든 시기입니다. 아이는 부모를 어떻게 대해야 할지 몰라 헤매고 있을 뿐이에요. 부모

버려야 할 생각	새로운 생각
도대체 뭐가 문제야?	괜찮아. 평범한 17살 아이일 뿐이야.
우리가 뭘 잘못했지?	괜찮아. 우리에 대해 많이 신경 쓰고 있다는 걸 잘 알아. 이제는 우리 아이를 다른 방법으로 대할 때가 되었구나. 마음을 편하게 먹자.
간단한 걸 물어봤을 뿐인데!	괜찮아. 아이에게는 귀찮고 복잡한 질문으로 들릴 수 있어. 10대들은 이런 질문을 모두 간섭으로 받아들인다고.
우리를 멀리하는 이유가 뭐야?	우리 걱정만큼 우리를 미워하거나 싫어하는 건 아니야. 혼자 있을 시간이 필요할 뿐이겠지.
조금만 더 예의 있게 하면 뭐가 덧나나?	물론 아이가 더 친절하고 예의 바르면 좋겠지만, 지금은 불가능하겠지. 서로 불편해질 만한 기대는 접는 게 좋겠어.

가 특별히 뭘 잘못한 것도 아니고, 아이가 부모를 일부러 멀리하는 것도 절대 아닙니다.

자녀의 변화를 받아들이세요

세미나를 찾아온 부모님들에게 여기까지 이야기하면 대부분 비슷한 반응을 보입니다.

"간단한 대화조차 마음대로 못 한다면 가족이라고 할 수 있나요? 아이들하고 대체 어떻게 소통하라는 건가요?"

현실적인 답변을 먼저 드리자면, '오늘 어땠니?' 같은 질문으로는 소통 자체가 불가능합니다. 아이들의 대답은 '그냥요'로 정해져 있습니다. 군이 부모가 아이의 하루를 매일매일 숙제 검사하듯 확인할 필요가 있을까요? 아이들과 실제로 소통할 수 있는 효과적인 방법에 대해서는 차차 알아보겠습니다. 그보다 먼저, 아이가 성인이 될 때까지는 예전처럼 가깝고 친근하게 지내기 어렵다는 사실을 먼저 받아들여야 합니다. 청소년기만큼은 자녀의 가장 가까운 자리를 친구들에게 양보해주세요.

부모가 상처받고 속상해하면서도 자녀에게 계속해서 '오늘 어땠니?'라고 질문하는 이유가 무엇일까요? 우리는 모두 상식적이고 선한 부모들인데도 말이에요. 사실 부모들 대부분은 자녀에게 어떻게 말을 걸어야 하는지에 대해 배운 적이 없습니다. 그러다 보니 의미 없는 질문만 반복하게 되지요. 그렇게 하는 방법밖에는 모르는 것입니다.

그렇다면 10대 자녀에게는 어떻게 말을 건네면 좋을까요? 우선 무슨 일이 있어도, 절대로, 자녀에게 질문해선 안 됩니다. 어떤 질문도요. 물론 자녀가 대답하기 꺼리지 않는 꼭 필요한 질문은 제외입니다. 매일 똑같은 질문을 하는 것만 멈춰도 두 가지 긍정적인 효과를 볼 수 있습니다. 첫째, 아이가 짜증을 덜 냅니다. 둘째, 아이에게 무시당할 일이 없습니다. 그렇다면 질문하는 대신 어떻게 해야 할까요? 곧바로 대화를 시작하는 것이 좋습니다. 사회, 정치, 스포츠, 날씨 등의 주제가 좋습니다. 아이가 반응이 없다면 그날은 대화를 포기하세요. 아니면 최대한 부드럽고 따뜻하게 말해주세요.

"오늘은 별로 이야기할 기분이 아니구나. 괜찮아, 그럴 수 있지."

절대 단정 짓듯이 기분 나쁜 말투로 말해서는 안 됩니다. 만약 배우자가 옆에 있다면 부부간의 대화를 시작하세요. 부부의 대화에 함께

할지 말지에 관해선 자녀의 자유로 남겨두면 됩니다. 또 다른 방법은 아예 며칠 정도 자녀와 식사를 따로 해보는 겁니다. 자녀에게 아무 말도 하지 말고 어떤 일이 벌어지는지 천천히 관찰해보세요. 물론 자녀와 침묵하며 지내는 것이 쉬운 일은 아닙니다. 하지만 부모가 아무 말이 없을 때 아이가 보여주는 반응은 꽤 흥미로울 거예요.

자녀에게 화내고 소리 지르고 싶어서 말을 거는 부모는 없을 것입니다. 부모는 평소처럼 이야기했을 뿐인데 자녀가 왜 이렇게 소리를 지르냐며 정색하는 경우는 종종 있지만요. 그러다 보면 부모는 차라리 쌀쌀맞은 자녀 대신 대화가 통하는 다른 사람과 마주 앉아 있으면 좋겠다고 생각하기도 합니다. 그러나 사실 겉으로는 우울하고 쌀쌀맞아 보이는 10대 자녀들도 속으로는 같은 생각을 하고 있습니다. 쉽지 않겠지만 부모가 먼저 생각을 바꾸면 모두가 행복해질 수 있습니다.

이쯤이면 질문 하나가 떠오르실 거예요.

"도대체 왜 나만 생각을 바꿔야 하지? 아이도 이제는 성인이나 마찬가지라며? 아이도 자신의 태도를 바꿔야 하는 거 아니야?"

좋은 질문입니다. 여기에는 두 가지 이유가 있습니다. 우선 부모가 생각을 바꾸었을 때 가장 큰 혜택을 받는 사람은 사실상 부모 자신이기 때문입니다. 자녀의 반응이 어떻든요. 왜 그럴까요? 부모는 생각의 변화로 상황을 조금 더 현실적으로 받아들일 수 있게 됩니다. 상황을 있는 그대로 받아들일수록 마음은 더 편안해집니다. 자녀들의 속마음을 이해하고 본인의 청소년기를 돌아보는 과정은 결국 자기 자신이 현실적인 부모가 되어가는 과정입니다. 부모가 현실적인 태도로 있을 때, 자녀와의 관계도 좋아질 것입니다.

다음으로 청소년기 자녀가 자기 생각과 행동을 스스로 바꿀 가능성이 전혀 없기 때문입니다. 독립해서 집을 떠나기 전까지는 절대로 말이에요. 물론 자녀가 평생 이렇게 사는 것은 아닙니다. 나중에는 다시 부모에게 다가오고 친밀해지는 시기가 올 것입니다. 하지만 지금은 아닙니다. 이 상황에서 부모는 두 가지 중 하나를 선택할 수 있습니다. 하나는 계속해서 자녀에게 잔뜩 화난 상태를 유지하며 지내는 것이고, 다른 하나는 자녀를 있는 그대로 받아들이고 마음의 평화를 찾는 것입니다. 아이가 예의 없는 행동을 한다고 해서 유별나게 상처받을 필요는 없습니다. 우리가 어렸을 때 그랬던 것처럼, 우리의 아들딸에게도 방황할 여유와 시간을 주세요.

7장

기분 나쁘게 받아들이지 마세요

지금까지 자녀들이 왜 차갑게 변했는지 알아보았고, 우리 자신이 어렸을 때의 모습을 돌이켜보며 청소년기의 특징에 관해서도 확인했습니다. 배운 내용을 잘 적용하면 자녀에게 화내는 일도 줄어들고, 관계도 훨씬 좋아질 것입니다. 자녀 역시 부모로부터 상처받는 일이 줄어들고, 집안 분위기도 더 따뜻해질 겁니다.

7장에서는 두 가지 사례를 통해 지금까지 배운 내용을 적용해보겠습니다. 첫 번째 사례는 일반적인 청소년기 자녀가 부모를 기분 나쁘게 하는 말과 행동에 관한 것이고, 두 번째는 일반적인 부모가 보이는 짜증 섞인 반응에 관한 것입니다. 우리는 5장에서 이미 짜증 나고, 화나고, 속상한 부모가 자녀에게 쌀쌀맞은 반응을 되돌려주는 경우가 많다는 사실을 배웠습니다. 자녀의 목소리를 무시하고, 더욱 통제하려고 들거나 방어적으로 변하지요. 자녀의 쌀쌀맞은 태도에 부모 역시 차갑게 반응하거나, 자녀의 목소리에 귀를 기울이지 않게 됩니다. 지금부터 '새로운 생각 받아들이기'를 통해 각각의 상황을 개선해가는 과정을 만나볼 것입니다. '새로운 생각 받아들이기'에는 모두 4단계가 있습니다.

1단계: 상황에 대한 책임감 갖기
2단계: 일단 멈추고 생각하기
3단계: 버려야 할 생각에서 벗어나 상황을 현실적으로 받아들이기
4단계: 새로운 생각에 따라 행동하기

차갑게 반응하는 부모: 상황을 기분 나쁘게 받아들이는 경우

첫 번째 상황은 부모와 함께 외출하기 싫어하는 자녀의 이야기입니다. 우선 부모가 적절한 반응을 하지 못하는 경우부터 보겠습니다.

아버지: 엄마랑 아빠는 오늘 점심 나가서 먹으려고 하는데. 같이 갈래?
딸: 아니에요. 괜찮아요.

그러면 아버지의 머릿속에는 이런 생각이 떠오르기 시작합니다.
'도대체 뭐가 문제야? 이런 식이라면 더 이상의 친절은 없어. 매일 거부딩하는 것도 지겹다고!'

생각이 이어질수록 아버지는 화가 납니다. 그러다가 홧김에 말을 내뱉습니다.

아버지: 그래, 좋아! 엄마, 아빠랑은 1분 1초도 같이 보내기 싫다는 거지? 우리가 늙다리라는 거야?

딸: 그런 식으로 어이없는 소리 좀 하지 마세요!

아버지: 말조심해! 여긴 내 집이야! 네 마음대로만 할 수 있는 곳이 아니라고!

이 대화의 결과를 정리해보면 다음과 같습니다.

1. 아빠와 딸 사이의 미움과 분노의 벽이 더 높아졌다.
2. 사춘기가 딸과 가족의 평화를 모두 위협하게 되었다.
3. 집안 분위기는 엉망이 되어버렸다.

새로운 생각 적용하기

이번에는 똑같은 상황에서 아버지가 '새로운 생각 받아들이기'의 4단계를 적용해본다고 가정하겠습니다. 사실 정말로 새로운 마음가짐을 받아들인 부모라면 애초에 질문을 하지 않을 것이지만, 차이를 알아보기 위해 같은 질문을 했다고 가정해보겠습니다.

아버지: 엄마랑 아빠는 오늘 점심 나가서 먹으려고 하는데. 같이 갈래?

딸: 아니에요. 괜찮아요.

1단계: 아버지는 살짝 기분이 나쁘지만 이렇게 생각합니다. '아이는 그냥 자기가 하고 싶은 대로 하고 있을 뿐이야. 아이가 내 말을 듣고 변할 가능성은 없지. 그러니 내가 변하는 것이 우리 가족 모두를 위해서도 좋은 일이야.'

2단계: 일단 부정적인 생각은 멈추고 심호흡을 합니다. '나는 융통성 없고 답답한 꼰대가 되지는 않을 거야. 이번에는 다르게 해볼 거야.'

3단계: 아버지는 머릿속에 떠오르는 생각을 다시 점검합니다. 비현실적이고 낡은 생각을 버리고, 현실적이고 새로운 것으로 바꿉니다.

4단계: 새로운 생각은 상황을 더 이상 악화시키지 않는다는 장점이

버려야할 생각	새로운 생각
도대체 뭐가 문제야?	괜찮아. 아이는 사춘기를 지나고 있을 뿐이야.
이런 식이라면 더 이상의 친절은 없어.	아이가 여전히 날 존중하고 사랑한다는 사실을 알고 있어. 지금은 그냥 같이 나가고 싶지 않을 뿐이야.
매일 거부당하는 것도 지겹다고!	괜찮아. 아마 앞으로도 비슷한 일이 계속되겠지. 그렇다고 세상이 무너지는 것도 아니잖아. 이만하면 착한 딸이야.

있습니다. 아버지는 새로운 생각에 따라 행동합니다.

아버지: 그래, 그럼 우리끼리 다녀올게. 혹시 뭐 필요한 거라도 있니?

딸: 괜찮아요. 조심해서 다녀오세요.

새로운 생각을 적용한 결과는 다음과 같습니다.

1. 아빠와 딸 사이의 미움과 분노의 벽이 낮아졌다.
2. 사춘기가 더 이상 딸과 가족의 평화를 위협하지 않는다.
3. 집안 분위기가 더 좋아졌다.

자녀의 목소리에 귀 기울이지 않는 부모: 상황을 기분 나쁘게 받아들이는 경우

자녀에게 거부당했다는 생각에 짜증 나고 걱정되기 시작한 부모는 경청이 어렵습니다. 두 번째 상황은 한 어머니가 수업이 끝난 18살 고등학생 아들을 집으로 데려오는 중에 벌어진 일입니다. 이미 수년 동안 아들과의 불편한 관계가 지속되는 중이지요. 아이는 차에 타자마자 불만을 쏟아내기 시작합니다.

아들: 우리 학교는 정말 거지 같아! 완전 바보들 천지라니까!

'도대체 언제까지 애처럼 굴려고 그러는지, 더는 안 되겠어! 왜 매일같이 구시렁거리기만 거야? 도대체 누가 이런 투덜이에게 친절하게 대하겠어?'

생각을 하면 할수록 어머니는 화가 납니다. 그러다가 홧김에 말을 뱉습니다.

어머니: 학교가 아니라 네가 문제일 거라고는 생각해본 적 없니?
아들: 됐거든요! 어머니 일에나 신경 쓰세요!

대화는 끊어졌고, 두 사람 모두 기분이 좋지 않습니다.
대화의 결과는 다음과 같습니다.

1. 엄마와 아들 사이의 미움과 분노의 벽이 더 높아졌다.
2. 사춘기가 아들과 가족의 평화를 모두 위협한다.
3. 집안 분위기는 더 어두워졌다.

새로운 생각 적용하기

이번에는 두 번째 상황에서 어머니가 '새로운 생각 받아들이기' 4단계를 적용한다고 가정합시다.

아들: 우리 학교는 정말 거지 같아! 완전 바보들 천지라니까!

1단계: 아들의 태도가 못마땅하지만 이렇게 생각합니다. '평소보다 말이 거칠어서 서운하기는 하지만, 이게 하루아침에 바뀔 수는 없을 거야. 나도 그렇고, 우리 모두를 위해 이번에는 다른 모습을 보여주자. 아들이 평소보다 조금 더 화난 것뿐이야.'

2단계: 일단 부정적인 생각은 멈추고 심호흡을 합니다. '아이의 감정을 무시하고 이해하지 못하는 답답한 어른이 되지는 말아야지. 무슨 일이 있었는지는 천천히 알아보자.'

3단계: 어머니는 자기 생각이 어떻게 변하는지 천천히 관찰합니다. 비이성적이고 효과가 없는 생각은 버리고, 대신 더 현실적이고 효과적인 생각을 하기로 선택했습니다.

4단계: 어머니의 새로운 생각은 더 이상 누구도 기분 나쁘게 만들지

버려야할 생각	새로운 생각
뭐가 그리 매일 불만이야!	청소년기 아이들이 다 그렇지 뭐.
오늘도 엄마 성질을 긁는구나.	고등학교 생활이 쉽지는 않지.
종로에서 뺨 맞고 한강에서 눈 흘기네.	아이가 나에게 화난 것은 아니야.
이번에는 제대로 한마디 해줘야겠어.	내가 뭐라고 하던 아이에게는 쇠귀에 경 읽기야. 아이에게 필요한 건 공감과 지지겠지.

않습니다. 여유가 생긴 어머니는 다음과 같이 대화를 이어갑니다.

어머니: 학교에서 무슨 일 있었어?
아들: 어휴! 말도 마세요. 아침에 교실에 들어가는데⋯

새로운 생각의 결과는 다음과 같습니다.

1. 엄마와 아들 사이의 미움과 분노의 벽이 낮아졌다.
2. 사춘기가 아들과 가족의 평화를 위협하지 않는다. 말싸움도 없어 졌다.
3. 집안 분위기가 더 좋아졌다.

깨달음을 실천으로

우리를 불편하게 하는 청소년기 자녀의 행동을 기분 나쁘게 받아들일 필요가 없습니다. 부모들은 자녀와 부딪히는 문제 상황에 대해 현실적으로 이해하고, 합리적으로 대처해야 합니다. 청소년기 아이들이 보이는 저항 행동의 대상은 부당하게 권위를 내세우고 진로를 강요하는 기성세대의 문화입니다. 함께 생활하는 부모에게 반항하려는 것이 아닙니다. 우리 자신의 사춘기 시절을 다시 떠올려보고, 그때 어떤 생각을 했었는지 기억해보세요. 아이들을 이해하기 위해 노력하세요. 사춘기는 자녀를 힘들고, 괴롭고, 짜증나게 만듭니다. 아이들에게 사춘기는 끝이 없는 고통의 터널을 지나는 것처럼 느껴집니다.

자녀의 불편한 행동을 특별하게 받아들이지 마세요.

문제 상황에 휩쓸리지 마세요. 잠시 심호흡을 하고 내 생각과 감정의 변화를 관찰하세요. 관계를 악화시킬만한 생각은 버리고, 대신 이 책에서 배운 새로운 생각들을 떠올리세요. 그리고 배운 대로 실천하시면 됩니다.

사춘기 아이들의 마음에 공감하고, 이번 장에서 알아본 새로운 생각 받아들이기의 4단계를 꾸준히 시도하세요. 4단계 방법이 효과가 있는 날도 있고, 없는 날도 있을 거예요. 그래도 포기하지 마세요. 순간적인 생각과 감정에 휩쓸려서 자녀와의 관계를 망쳐서는 안 됩니다. 나 자신을 위해, 우리 가족과 사랑스러운 아이를 위해, 항상 상황을 현실적으로 받아들이고 대처하세요. 이 모든 것에 익숙해지기까지는 시간이 필요합니다.

Part 3

이끌어주되,
결과는 하늘에 맡기세요

부모의 관리가 필요한 여섯 아이

8장과 9장에서는 6개의 구체적인 사례를 통해 청소년기 자녀에게 조언은 하되, 결과에 대한 기대는 내려놓는 방법을 알아보겠습니다. 이어서 자녀와 최대한 가까워지는 방법도 배워볼 것입니다. 각각의 사례에 등장하는 여섯 아이가 보여주는 문제의 내용과 수준은 아주 다양합니다. 8장에서는 각 사례를 하나씩 살펴보고, 9장에서는 각각의 사례에 따른 해결책을 알아보겠습니다.

수다쟁이 캐시

캐시는 15살 소녀입니다. 학교에 잘 다니고 있고 성적도 꽤 괜찮은 편입니다. 친구도 아주 많지요. 다만 매일같이 밤새도록 친구들과 통화를 한다는 것이 문제입니다. 보통 이런 식의 대화를 나눕니다.

"어제 식당에서 있었던 일 들었어? 아직도 못 들었다고!? 말도 안 돼. 대박 사건이야. 스티브랑 린다가 어제 식당에서 밥을 같이 먹더라니까. 알지? 걔네 6개월인가 연애하고 얼마 전에 헤어졌었잖아……."

캐시가 이 시기에 해야 할 중요한 일을 잘 해내지 못하고 시간을 낭비하는 것 같아 걱정하는 것이 부모 입장이지요. 전화 요금도 만만치 않아요. 현명한 부모라면 어떻게 대처할까요?

까탈스러운 필립

필립은 18살 소년입니다. 학교에서는 아주 훌륭한 학생이지요. 시험에서도 매번 평균 95점 이상으로 상위권을 유지하고 있습니다. 문제는 이번 학기 사회 과목에서 발생했습니다. 낙제를 해버렸거든요.

"사회 선생님이 점수를 완전히 엉망으로 줬어요. 이게 말이 돼요?"

"정말? 공부 열심히 했잖아."

"사회 선생님이 정말 멍청이 같아요. 자기가 무슨 대단한 천재라도 되는 것처럼 군다고요. 내가 보기에는 완전 얼간이인데."

"네가 이렇게까지 말하는 건 처음 듣는데."

필립은 사회 선생님이 너무 별로라 공부를 하고 싶지 않다고 합니다. 까칠해진 필립을 어떻게 대해주면 좋을까요?

말이 없어진 수잔

16살 수잔은 부모님에게 아주 살갑게 굴던 아이입니다. 부모님과 나누는 대화도 많은 편이었고요. 그런데 지난 여름방학 이후 갑자기 친구가 늘어나더니 집 밖에 있는 시간이 점점 늘어났습니다. 성적이 조금 떨어졌고, 입는 옷도 어딘가 달라졌습니다. 부모와 점점 더 멀어지는가 싶더니, 어느 날은 크게 반항하기까지 했습니다. 어머니가 저녁 식사를 준비하는 주방으로 수잔이 들어옵니다.

"안녕, 오늘은 어땠어?"

"좋았어요."

더 이상 대화가 이어지지 않았고, 수잔은 그대로 말문을 닫은 채 방으로 들어가 버렸습니다. 이런 수잔을 어떻게 대해야 할까요?

흡연가 페니

페니는 16살 여자아이인데 최근 몇 달 전에 담배를 피우기 시작했습니다. 아무래도 자기 방에서 몰래 피우는 것 같은데, 부모님도 이 사실을 눈치채고 있습니다. 냄새가 나고, 가끔 방에 들어가면 창문이 열려 있는 걸 볼 수 있었으니까요. 부모님은 페니가 불량한 친구들과 어울리지는 않는지 걱정입니다. 성적은 바닥이고, 매일같이 친구들과 놀러 다니느라 바쁩니다. 부모님은 친구 중에 술을 마시는 아이가 있지는 않은지, 품행이 난장판인 친구의 영향을 받지는 않을지 걱정 됩니다.

하지만 아직 흡연도, 친구들 문제도 추측만 있을 뿐 명확한 증거를 발견하지는 못했습니다. 어떻게 해야 할까요?

짜증만 내는 칼

칼은 17살 소년입니다. 얼마 전에 여자친구랑 헤어지더니 짜증이 늘고 부모님에게 차갑게 구는 일도 많아졌습니다. 텔레비전, 컴퓨터 게임에도 흥미를 잃더니 집에 와서는 숙제도 안 합니다. 성적은 떨어졌고, 이전과 달리 할 일을 빼먹는 경우도 늘었습니다. 잠을 못 잤는지 눈이 퀭할 때도 많고, 갑작스레 심한 자기비하의 말을 늘어놓기도 합니다. 예전과 달리 괴팍해진 칼을 어떻게 하면 좋을까요?

불량배 아니

아니는 스무 살이지만 아직 부모님과 같이 살고 있습니다. 고등학교는 턱걸이로 간신히 졸업했습니다. 대학은 가지 않았고, 취업도 하지 않았습니다. 어느 날은 부모님의 자동차를 쓰고 나서 기름을 다시 채워놓지 않았습니다.

"아니, 자동차 썼니?"

"네."

"차를 썼으면 기름을 원래대로 채워놔야지."

"차에 기름 있어요."

"그래? 기름이 하나도 없던데. 성냥으로 붙여도 불이 안 붙을 정도라고."

"그럼 가서 해보시든가요."

"시건방진 소리 그만하고. 지금 당장 가서 쓴 만큼 주유하고 와. 알아듣겠어?"

♥ 기억하세요?

8장에서 소개한 사례들 다음으로 우리 자신이 일곱 번째 주인공이 된다면 어떨까요? 본인의 청소년기를 돌아보고 일곱 번째 사례로 적는다고 생각해보세요. 어떤 내용을 적게 될까요? 만약 우리의 부모님이 우리의 청소년기에 대해 적는다면 뭐라고 쓸까요? 부모님은 청소년이었던 우리의 어떤 모습이 바뀌길 바랐을까요?

아니는 부모님에게 예의 없이 굴고, 동생들에게 폭언하고 때리기도 합니다. 친구들에게 돈을 빌리고 갚지 않으며 심지어 빼앗기까지 합니다. 낮에는 온종일 침대에서 나올 생각을 않고, 밤에는 야한 동영상에 빠져서 지냅니다. 상담을 받아보라고 권유했지만 받아들이지 않습니다. 아니가 지금보다 나아질 수 있을까요?

가족 규칙 세우기

'집으로 돌아갈 시간이라고 말하고 싶지 않아요.'

빌리 조엘Billy Joel의 노래 〈마이 라이프My life〉에 나오는 가사입니다. 자신만의 삶을 살아가기를 원하는 한 사람의 애원, 요구가 담겨 있는 노래입니다. 부모 편에서 보면 이 말은 반은 맞고, 반은 틀렸습니다. 자신의 삶에 대해 주도권을 갖고자 하는 강렬한 욕구는 인정하고 존중해줘야 합니다. 하지만 어떠한 원칙도 없이 자기 마음대로만 하고 싶다면 받아들이기 어렵습니다. 부모에게서 독립할 때까지는 가족 규칙을 준수해야 합니다. 19세에 독립하든, 26세에 독립하든, 그 시기와는 상관없이요. 가족 규칙을 세울 때 주의할 점은 다음과 같습니다.

1. 가족 규칙은 최소한의 수준에서 만들어야 합니다.

2. 가족 규칙은 충분한 합의를 거쳐야 하며, 아주 명확해야 합니다.

3. 아이가 하는 첫 실수는 용서해줘야 합니다. 무조건 벌을 주기보다는 문제 상황에 대해 차분하고 침착하게 대화를 나눌 수 있어야 합니다. 물론 위험하거나 정말 부적절한 경우는 제외하고요.

4. 아이가 성장하면 가족 규칙도 바뀌어야 합니다.

9장에서는 8장의 아이들이 보여주는 것처럼 자녀들이 자주 저지르는 심각한 문제행동을 해결하기 위해 가족 규칙을 만드는 방법에 대해서 알아보겠습니다. 비교적 덜 심각한 문제의 해결책은 이 책의 부록에 담았습니다. 청소년기 자녀의 취침시간, 숙제, 친구 관계, 성적, 형제 관계, 욕설, 집안일과 같은 문제의 해결책은 부록에서 살펴볼 수 있습니다.

가족 규칙 세우고 유지하기

청소년기 자녀 중에 부모의 권위를 반기고 좋아하는 아이는 단 한 명도 없습니다. 그러니 가족 규칙을 세우고 지킬 때는 가능하면 빠르고 수월한 방법을 선택하는 것이 좋습니다. 그리고 가족 규칙에 대해 자녀가 어떤 반응을 보일지는 부모와의 관계에 달려 있습니다. 자녀가 규칙을 지키고 따르기를 바란다면 이 점을 잊지 말아야 합니다. 규칙과 좋은 관계의 영향을 공식으로 표현하면 다음과 같습니다.

규칙 + 좋은 관계 = 평화
규칙 – 좋은 관계 = 반항

아이들은 부모와의 관계가 좋을수록 규칙을 더 잘 지키려고 합니다. 따라서 부모는 자녀와 규칙을 세우기 전에 자녀의 불편한 행동을 특별하게 받아들이지 않고(2부 참고), 침묵해야 할 때를 알며(11장 참고), '부모의 4대 죄악'을 저지르지 않도록 조심해야 합니다(13장 참고). 계속해서 좋은 관계를 만들고 유지하는 것도 잊지 말아야지요(4부 참고).

3장에서 살펴본 4대 위험 요소(운전, 약물 오남용과 음주, 성 경험, 첨단기기)와 관련된 문제가 아니라면 불필요한 말다툼은 피하는 것이 좋습니다. 귀가 시간, 숙제, 취침 시간, 용돈, 식사 등에 관련된 문제는 어느 정도 참고 이해해줘야 가정이 평화롭습니다.

자녀와 대화를 통해 새로운 규칙을 만들어야 하는 상황은 크게 두 가지입니다. 하나는 같은 문제로 자녀와 계속해서 부딪히는 경우, 다른 하나는 처음으로 그냥 지나칠 수 없을 만한 큰 문제를 저질렀을 때입니다. 귀가 시간과 관련해서 예를 들어보겠습니다. 주말에 몇 시까지 밖에서 놀아도 될지를 두고 자녀와 매일같이 말싸움하거나, 자녀가 아무 말도 없이 갑자기 약속한 시각보다 두 시간 이상 늦게 귀가했을 때는 가족 규칙에 대한 대화가 필요합니다. 자녀에게 정중하고 진지하게 대화를 요청하세요. 자리에 앉아 가족 규칙에 대해 충분한 대화를 나누고, 합의를 거쳐 규칙을 작성합니다. 규칙에는 세부적인 내용과 함께 규칙을 지키지 않았을 때 어떤 책임을 질지도 포함되어야 합니다.

문제가 지속되는 경우

　자녀가 문제행동을 계속하면 부모는 짜증이 나면서 합리적인 생각을 하기가 어려워집니다. 이런 상황에서는 자녀가 성실하고 착한 행동을 하더라도 눈에 들어오지 않습니다. 마음에 안 드는 행동만 눈에 들어오다가 이런 생각이 듭니다.

　'더는 못 참겠어! 결판을 내야지.'

　부모의 공격적이고 비판적인 태도는 자녀의 화를 돋웁니다. 청소년기 자녀는 평소에 위험하고 스릴 있는 것만 찾고 즐기던 모습 그대로 부모에게 적대적이고 무례하게 대하기 시작합니다. 부모님과 사이좋게 지내는 것보다 부딪히고 싸우는 것이 더 위험하고 스릴 있잖아요. 공격에는 반격을, 자기가 받은 상처에는 더 큰 상처로 되돌려줍니다. 부모님과 전쟁이 길어질수록 아이의 미래도 점점 어두워지지요. 서로의 마음을 할퀴고 상처 내는 일이 끊임없이 반복됩니다.

　기분이 나쁜 상태에서 마음 내키는 대로 자녀를 대하는 것은 비생산적일 뿐만 아니라 관계에도 좋지 않은 영향을 미칩니다. 자녀의 반복되는 문제행동에 현명하게 대처하려면 두 가지 원칙을 지키면서 전략적으로 행동해야 합니다. 첫째, 평소부터 자녀와 좋은 관계를 유지하기 위해 노력해야 합니다. 틈날 때마다 자주 칭찬하고, 시간을 내어 자녀와 단둘이 즐거운 추억을 만드세요. 또 자녀와 대화를 할 때는 공감적 경청을 하고, 뒤에서 살펴볼 부모의 4대 죄악을 저지르지 않도록 주의해야 합니다. 둘째, 친근함을 잃지 않으면서 가족 규칙을 지키는 문제에는 합리적으로 대처해야 합니다. 이번 장에서 알아볼 '행동에 맞는 책임지기' 방법을 사용하시면 좋습니다.

자녀와 건강한 관계를 맺는 방법은 이어지는 4부에서 더 자세하게 다룰 예정입니다. 그전에 이번 장에서는 자녀의 문제행동에 합리적으로 대처할 수 있게 해주는 '행동에 맞는 책임지기' 방법을 먼저 알아보겠습니다. 자녀가 계속 비슷한 문제를 일으킨다고 판단될 때 부모가 가장 먼저 해야 할 일은 자녀의 행동에 대해 명확하고 세부적인 책임을 부과하는 것입니다. 문제가 계속되면 어떤 책임을 질지 자녀와 미리 상의해두면 좋습니다. 하지만 자녀가 충분히 협조하지 않는다면 일단 부모가 책임을 결정해도 됩니다. 책임과 벌칙은 자녀의 문제행동 수준에 따라 다양하게 적용할 수 있습니다. 일반적으로 가정에서 적용하실 때는 가벼운 책임, 중간 책임, 무거운 책임의 3단계로 나눠서 적용하는 것이 좋습니다. 자녀의 문제가 3단계 중 어디에 속하느냐에 따라 책임의 정도가 달라집니다. 아이들은 자신의 행동에 대해 반성하기, 벌금 내기, 집안일 하기, 봉사활동 하기, 과제 하기 등의 방법으로 자신의 행동에 대해 책임지는 법을 배웁니다.

상황이 심각한 경우/무거운 책임: 아래의 책임 중 하나를 선택합니다

- 금지: 2주일 동안 저녁 식사 후 외출, 텔레비전 시청, 컴퓨터 사용, 게임, 휴대폰 사용 금지
- 벌금: 용돈 5만원 삭감, 또는 피해를 준 물건을 보상하는 데 필요

한 금액의 2배 벌금(돈을 훔치거나 물건을 부수었다면 훔친 돈이나 부순 물건 금액의 2배를 벌금으로 냅니다.)

- 집안일: 15시간 집안일 하기
- 봉사활동: 마을 주변 기관에서 15시간 봉사활동
- 과제: 자신이 저지른 문제행동에 관해 자세하고 꼼꼼하게 8쪽 분량의 보고서 작성, 집단 상담 참여하기

상황이 상당한 경우/중간 책임: 아래의 책임 중 하나를 선택합니다

- 금지: 일주일 동안 저녁 식사 후 외출, 텔레비전 시청, 컴퓨터 사용, 게임, 휴대폰 사용 금지
- 벌금: 용돈 3만 원 삭감. 또는 피해를 준 물건을 보상하는 데 필요한 금액의 2배 벌금(돈을 훔치거나 물건을 부수었다면 훔친 돈이나 부순 물건 금액의 2배를 벌금으로 냅니다.)
- 집안일: 8시간 집안일 하기
- 봉사활동: 마을 주변 기관에서 8시간 봉사활동
- 과제: 자신이 저지른 문제행동에 관해 자세하고 꼼꼼하게 4쪽 분량의 보고서 작성

상황이 경미한 경우/가벼운 책임: 아래의 책임 중 하나를 선택합니다

- 금지: 이틀 동안 저녁 식사 후 외출, 텔레비전 시청, 컴퓨터 사용, 게임, 휴대전화 사용 금지
- 벌금: 용돈 1만 원 삭감. 또는 피해를 준 물건을 보상하는 데 필요한 금액의 2배 벌금(돈을 훔치거나 물건을 부수었다면 훔친 돈이나 부순 물건 금액의 2배를 벌금으로 냅니다.)
- 집안일: 4시간 집안일 하기
- 봉사활동: 마을 주변 기관에서 4시간 봉사활동
- 과제: 자신이 저지른 문제행동에 관해 자세하고 꼼꼼하게 2쪽 분량의 보고서 작성

책의 내용을 참고해서 우리 가족의 분위기와 성향에 맞는 우리 집만의 규칙을 만들어보세요. 가족회의에서 다 함께 규칙을 만들고 정리한 후에 계약서처럼 서명을 받으면 더 좋습니다.

문제행동이 클수록 자녀는 더 큰 책임을 져야 합니다. 작은 행동에는 작은 책임을, 큰 행동에는 큰 책임을 져야 하지요. 앞에서 예로 든 것과 똑같이 규칙을 만들어야 하는 것은 아닙니다. 하나의 예시일 뿐이니 자녀의 특성과 가족의 환경을 고려해서 가족 규칙을 만들어보세요. 규칙은 같더라도 이것을 바라보는 부모

> ❗ 중요해요!
> 부모가 화를 내거나 잔소리를 하며 훈계를 하기 시작하면 가족 규칙의 효과는 금방 무너져 버립니다. 청소년기 아이들은 어른들의 권위를 무엇보다 싫어합니다. 항상 자신의 감정을 살피고 조절하기 위해 노력하세요.

와 자녀의 관점이 다를 수도 있습니다. 그리고 같은 규칙이라도 어떤 가족에게는 너무 느슨하게 느껴지고, 어떤 가족에게는 너무 가혹하게 느껴질 수도 있습니다.

가족 규칙을 적용하고 나서 자녀들이 흔히 하는 말이 있습니다.

1. "정말 마음에 안 들어."
2. "엄마가 뭐라고 하든 나는 하나도 신경 쓰지 않을 거예요."
3. "친구들이 다 우리 부모님 이상하다고 해요."
4. "다른 사람들에게는 안 그러면서 왜 나한테만 그래요?"

이런 말에는 신경을 쓰지 않는 것이 가장 좋습니다. 자녀의 말을 비웃거나 훈계를 하는 것도 좋지 않습니다. '규칙 따위는 신경 안 쓸 거야'라고 말하는 청소년들의 90%는 사실 속으로 부모님의 반응과 규칙을 신경 쓰고 있습니다. 부모님은 일단 침묵을 지키고, 하던 일을 계속하면 됩니다. 그리고 혹시 이어질 수도 있는 자녀의 떠보기나 조종하기에 대처하기 위한 마음의 준비를 하세요.

규칙이 잘 지켜지지 않거나 잔소리를 멈출 수가 없을 때, 자녀가 부모를 완전히 불신할 때에는 어떻게 해야 할까요? 전문가를 만나서 가족의 상태를 점검하고 상담을 받아야 합니다.

가족 규칙이 잘 적용되더라도 규칙에 없는 다른 문제가 생길까 걱정된다면 어떻게 하는 것이 좋을까요? 규칙을 더 만들어도 괜찮을까요? 물론 괜찮습니다. 다음 장에서는 자녀들의 4대 위험 요소에 대한 대처법을 알아보겠습니다. 이외의 문제들은 이 책의 부록에서 해결책을 만나실 수 있습니다.

4대 위험 요소
현명하게 대처하기

　자녀에 대한 부모의 걱정은 가실 날이 없기 마련입니다. 하지만 부모의 걱정이 문제를 해결하는 것은 아니지요. 자녀를 집안에만 가둬둘 수도 없고, 항상 보디가드를 붙여놓을 수도 없으니까요. 세상 어떤 부모도 자녀를 100% 완전히 통제할 수는 없습니다. 자녀를 보호하기 위해 우리가 할 수 있는 최선은 안전하고 합리적인 가족 규칙을 만들고 자녀가 규칙을 지킬 수 있도록 돕는 것입니다. 끊임없는 관심과 애정으로 자녀를 보살펴주는 것은 물론, 부모님 자신의 마음과 건강을 돌보는 것도 중요합니다. 그리고 자녀가 잘 자랄 거라고 믿고 기다려줄 수 있어야 합니다.

　자녀의 문제를 걱정하는 것과 예방하는 것은 완전히 다릅니다. 부모님의 걱정이 많을수록 문제를 예방하기 위한 다양한 해결책을 세우려

하는 경향이 있습니다. 하지만 해결책은 충분히 심사숙고하여 잘 만든한 가지로도 충분합니다. 다시 수정하거나 바꿀 필요가 없는 견고한 해결책을 만드세요. 사실 아무리 훌륭한 예방책을 마련해도 걱정이 멈출 수는 없습니다. 자녀를 보호하기 위해 철옹성 같은 방책을 마련해도 부모의 걱정이 멈추지는 않을 것입니다. 청소년 자녀를 키우는 부모라면 공감하실 겁니다.

이번 장에서는 3장에서 살펴본 자녀들의 4대 위험 요소인 운전, 약물 오남용과 음주, 사랑과 성 경험, 첨단기기의 오남용 문제를 예방하는 방법을 알아보겠습니다. 완벽한 해결책은 아니지만, 많은 부모가 이미 큰 효과를 보고 있는 방법입니다. 합리적인 태도로 자녀의 행동을 예의주시하고, 개방적인 마음으로 자녀들과 최대한 가까운 사이를 유지하는 것이 무엇보다 중요합니다.

이번 장에서는 각각의 문제에 따라 세 부분으로 나누어 설명하려 합니다.

1. 문제 예방하기
2. 관련 검색어
3. 문제 대처하기

'관련 검색어'는 자녀에게 정보 전달이 필요할 때 활용할 수 있도록 제시하였습니다. 술이나 이성 관계, 성 경험에 대해 자녀와 진지하고 자세한 이야기를 나눌 필요가 있다고 느껴질 때가 있을 것입니다. 그러나 부모님이 이야기를 시작하려 하면 자녀들은 보통 이렇게 대답합니다.

"아, 엄마. 나도 다 알아요."

그렇다면 우리는 이렇게 대답하면 됩니다.

"그래, 이미 다 알고 있을지도 모르겠다. 그런데 내가 너에게 그 내용을 꼭 가르치려고 하는 것은 아니야. 너를 사랑하는 가족으로서 네가 제대로 된 정보를 갖고 있나 확인하고 싶은 거야. 너나 나나 모든 것을 완벽하게 아는 것은 아니잖아. 우리 같이 공부해보자."

이어질 내용에서 제시하는 '검색어'들을 통해서 부모와 자녀가 함께 공부할 수 있습니다. 이 책에서는 주제에 따라 총 10개의 검색어를 소개하고 있지만, 부모님이나 가족의 상황에 따라 다른 내용을 주제로 해도 괜찮습니다. 검색어가 모두 결정되면 부모님 5개, 자녀 5개씩 주제를 나누세요. 주제를 모두 나누면 각자 맡은 주제에 대해 간략하게 내용을 정리합니다. 위키피디아나 오픈백과 같은 사이트를 활용해도 좋습니다. 내용 정리가 끝나면 다시 만나서 정리한 내용을 함께 확인합니다. 이때 주의할 점은 최대한 말을 아끼고 자녀의 이야기에 귀를 기울이는 것입니다. 가르치려고 하거나 훈계를 하려고 하지 마세요. 잔소리하지 않아도 자녀들은 대개 이미 충분히 잘 알고 있을 테니까요.

운전

문제 예방하기

자녀가 부모의 차를 사용하려고 할 때 차의 소유권에 대해서 분명하게 이야기하는 것이 좋습니다. 자녀가 부모의 차를 사용하는 것은 당연한 권리가 아닙니다. 부모의 필요에 따라 사용할 수 있게 허락해주는 것이지요. 차를 사주거나 빌려주는 것이 당연한 일이 아님을 알려주세요.

아이가 어렸을 때부터 부모가 먼저 안전한 운전 습관의 모범을 보여주어야 합니다. 아이가 보는 앞에서 과속, 꼬리물기, 안전벨트 미착용, 음주운전, 운전 중 휴대전화 사용 등은 절대 해서는 안 됩니다. 운전면허학원에서 운전을 배울 수도 있지만 가능하면 혼자 운전을 하기 전에 부모와 충분히 연습하는 것이 좋습니다. 적어도 1,500km 정도는 부모가 동승해서 운전 연습을 시켜주세요. 골목길과 고속도로, 날씨가 좋을 때와 궂을 때를 포함해 다양한 상황에서 운전 연습을 시켜주세요. 단순한 연습을 넘어 차 안에서 함께 하는 시간을 통해 서로를 더 깊이 이해하는 특별한 기회를 가질 수도 있습니다. 운전 연습을 마치는 조건을 미리 몇 가지 제시하고, 조건을 충족하면 가족 모두 함께 축하해주세요. 부모와 함께 만든 운전 습관은 쉽게 바뀌지 않습니다. 이제부터는 자녀가 안전하고 능숙하게 운전하는 모습을 곁에서 지켜보고 따뜻한 마음으로 응원해주세요.

자녀가 운전을 시작하면 자녀의 자동차 보험료를 직접 납부하게 하는 것도 고려해보세요. 운전을 본격적으로 시작하기 전에 6개월분의 보험료를 미리 저금하게 하고, 정해진 금액을 채울 때까지는 면허를 땄다고 하더라도 부모의 동행 없이 혼자서 운전할 수 없게 합니다. 혼자 운전을 시작하고 나서는 한 달에 한 번씩 1개월분의 보험료를 부모님에게 미리 납부하게 합니다. 보험사에서는 청소년이 일정 기준을 충족하면 할인을 해주기도 합니다. 자녀가 할인을 받았다면, 할인 전 금액이 아닌 할인 후의 실제 납부한 만큼만 보험료를 받으세요. 자녀가 잘해서 받은 할인 혜택은 자녀에게 돌아가야 공정합니다.

부모의 차를 운전하는 것은 당연한 권리가 아닙니다. 차의 소유권은 부모에게 있습니다. 사용하기 위해서는 당연히 허락을 받아야 하지요.
부모가 차를 사주거나 빌려주는 것이 당연한 일이 아님을 알려주세요.

자신이 사용한 연료비도 당연히 책임져야 합니다. 아무 조건 없이 신용카드를 맡기지 마세요. 자녀의 명의로 차를 사면 구매 비용 역시 자녀가 내야 합니다. 운전을 허락하기 전에 성적과 귀가 시간에 대한 가족 규칙을 먼저 명확히 정하세요. 만약 자녀의 운전 실력이 늘었다면 인정해주고 격려해주는 것도 잊지 마세요. 아이는 큰 성취감을 느낄 것입니다. 아이가 운전에 대한 성취로 행복해할 때 괜한 걱정으로 분위기를 망치지 마세요.

특히 음주운전은 절대 안 됩니다. 단 한 방울이라도 술을 마시면 운전은 안 됩니다. 만약 술을 조금이라도 마셨다면 대리운전을 부르거나 택시를 타도록 지도하세요. 부모님의 도움을 받는 것도 좋습니다. 자녀가 배운 대로 음주운전을 피하려고 부모님을 불렀다면 절대 잔소리하지 마세요. 자녀의 친구가 우리 가족 차의 운전대를 잡는 것도 안 됩니다. 아주 긴급한 상황을 제외하고는 운전 중 전화기 사용도 안 됩니다. 혼자 운전하기 시작하고 나서부터 6개월 동안은 아침부터 저녁 9시 중에만 운전을 하게 합니다. 그 외의 시간에는 꼭 필요한 상황을 제외하고는 운전을 할 수 없게 합니다. 그리고 이 6개월 동안에는 안전을 위해 가족을 제외한 친구는 한 번에 한 명만 태우고, 차 안의 모든 사람은 안전띠를 꼭 매도록 합니다. 이런 규칙을 어기면 9장에서 소개한 '행동에 맞는 책임지기' 중 중간 책임 또는 무거운 책임을 지게 합니다.

관련 검색어

- ▶ 난폭운전
- ▶ 운전자벌점 및 벌금제도
- ▶ 음주운전
- ▶ 운전 중 휴대전화 사고
- ▶ 운전 중 문자 메시지 사고

- ▶ 어린이보호구역
- ▶ 청소년 교통사고율
- ▶ 자동차 보험 할증 기준
- ▶ 초보 운전자 주의사항
- ▶ 운전자 폭행

문제 대처하기

실제 도로교통 법규를 참고해서 운전에 관한 가족 규칙을 만들면 좋습니다. 벌점이 쌓이면 일정 기간 운전면허가 정지되는 것처럼, 가족이 함께 정한 규칙을 어기면 일정 기간 운전을 제한하기로 합니다. 미리 세부적인 규칙을 인쇄해서 자녀와 함께 확인하고 서명도 받으세요. 교통사고, 교통법규 위반 등으로 인한 범칙금 고지서가 날아오거나 운전 중 휴대전화 사용, 문자 메시지 전송, 약속된 인원을 초과해서 친구들을 태우는 경우 등은 모두 규칙 위반입니다. 예를 들어 시속 20km 이상 규정 속도를 위반해서 과태료를 내면 2주 동안 운전을 금합니다. 운전 금지 기간에는 아무리 특별한 사정이 있더라도 예외를 인정해서는 안 됩니다. 혹시 가족들이 불편한 상황을 겪더라도 약속된 금지 기간은 꼭 지켜야 합니다.

아무리 작은 실수라고 하더라도 가족 규칙이 잘 지켜지지 않으면 규칙의 효과는 떨어지기 마련입니다. 규칙에 예외가 생기기 시작하면 더 많은 말싸움의 불씨가 됩니다.

같은 실수를 반복하면 져야 할 책임도 점점 더 커져야 합니다. 운전 금지로 부족하다면 전문가에게 운전 연수를 받게 하세요. 물론 연수비용은 자녀가 용돈으로 직접 냅니다. 운전 연수는 방어 운전을 배우기 위한 것으로, 적어도 3회 이상은 받아야 합니다. 횟수를 모두 채우더라도 강사가 통과시켜주지 않는다면 횟수를 연장할 수 있습니다.

음주운전은 매우 심각한 문제입니다. 음주운전을 한 사실이 발견되면 범칙금이나 사고 여부와 상관없이 운전을 금합시다. 음주운전으로 인한 운전 금지 기간은 최소 6개월 이상이어야 합니다. 봉사활동이나 집안일을 하는 것으로 금지 기간을 줄여주더라도 전체 기간의 4분의 1 이상 줄여줘서는 안 됩니다.

※기억하세요!

음주운전은 매우 심각한 잘못입니다. 적어도 6개월 이상은 운전을 금지해야 합니다.

음주와 약물 남용

문제 예방하기

자녀들은 부모가 술과 약물을 어떻게 대하는지 자연스럽게 보고 배웁니다. 술과 약물에 대해 지도하기 전에 먼저 자신의 상태를 점검하세요. 만약 부모가 담배나 술을 많이 하는 상황이라면 자녀에게 자신의 상황을 솔직하게 인정하고 이야기해야 합니다. 중독에 빠지게 된 이유를 있는 그대로 이야기하고, 벗어나기 얼마나 힘든지도 말해주세요.

자녀가 어릴 때 미리 관련 기관을 통해 전문가의 교육을 받는 것도 좋습니다. 가까운 곳에 약물중독재활센터가 있다면 함께 방문하는 것도 추천합니다. 자녀가 음주, 약물에 관해 학교나 친구, 혹은 다른 곳에서 들은 내용이 있는지 물어보세요. 잔소리하지 않도록 주의하면서 자녀가 제대로 된 정보를 알고 있는지 확인해보세요. 그렇다고 해서 부모가 음주와 약물에 대해 완전한 전문가가 되어야 하는 것은 아닙니다. 세상에 존재하는 모든 위험한 약물에 대해 파악하기란 사실 불가능합니다. 어둠의 세계는 항상 변화하고 있거든요.

뉴스에서 음주와 약물에 관한 뉴스가 나오거나, 주변에서 관련된 일이 벌어지기도 합니다. 이때다 싶어서 자녀에게 잔소리하거나 설교해서는 안 됩니다. 뻔한 이야기를 늘어놓거

※기억하세요!

자녀가 외출할 때는 가족 규칙에 대해 세세하게 이야기하며 잔소리를 하지 않도록 주의하세요. 규칙을 기억하도록 가볍게 상기시켜주는 정도면 충분하니까요. 집 밖을 나서는 자녀에게 건네는 마지막 말은 항상 똑같아야 합니다.
"잘 놀다 오렴."

나 무작정 겁을 주는 건 아무런 효과가 없습니다. 대신 자녀의 생각에 귀를 기울여주세요. 세밀하게 질문하고, 자녀의 생각을 주의 깊게 들어주어야 합니다.

자녀들만 남긴 채 집을 비우고 외박하는 것도 좋지 않습니다. 부득이하게 자녀만 남겨둔 채 외박을 해야 한다면 부모가 없는 동안 무엇을 할 계획인지 미리 물어봐야 합니다. 부모가 없을 때 친구들이 집에 갑작스레 집에 찾아온다면 어떻게 할지, 찾아온 친구들이 밤새도록 우리 집에서 같이 놀자고 하면 뭐라고 말할지도 물어보세요. 위급한 상황에서 이웃이나 경찰에 도움을 요청하려면 어떻게 해야 하는지도 미리 함께 확인합시다.

자녀의 외출과 귀가 시간에 대한 가족 규칙도 확실히 해야 합니다. 그렇다고 해서 자녀가 외출할 때마다 귀가 시간을 들먹이라는 말은 아닙니다. 자녀가 규칙을 충분히 알고 있다면, 잘 다녀오라고 이야기하는 것만으로 충분합니다. 자녀가 조금 늦게 들어오더라도 너무 걱정하지 말고 잠자리에 드셔도 괜찮습니다. 문제가 생겨도 가족 규칙대로 하면 되니까요. 만약 상황이 심각해서 자녀와의 협의가 필요한 상황이라면 자녀가 귀가할 때까지 기다리는 것도 괜찮습니다.

관련 검색어

▶ 대마초

▶ 각성제

▶ 본드 흡입

▶ 진정제

▶ 약물의존

▶ 알콜 중독의 문제점

▶ 에이즈와 약물남용

▶ 친구와 약물

▶ 술과 마약

▶ 헤로인과 LSD(마약의 한 종류)

문제 대처하기

음주와 약물 남용에 관한 문제에는 빠른 대처가 중요합니다. 문제의 조짐이 보인다면 불필요하게 시간을 낭비하지 말고 즉각 조치하세요. 중독에 빠진 뒤에는 대처하기가 훨씬 어렵습니다. 가까운 병원이나 보건소, 재활센터, 상담소 등을 방문하세요. 전문가에게 상황을 솔직하게 이야기하고 함께 해결책을 찾아야 합니다.

음주나 약물에 빠진 청소년이 보이는 증세는 보통 다음과 같습니다.

- 감정 기복이 심함
- 새로운 친구들과 어울림
- 갑자기 성적이 하락함
- 짜증이 많아짐
- 금단증세를 보임
- 평소보다 비밀이 많아짐
- 술에 취한 모습을 보임
- 이유를 밝히지 않고 큰돈을 쓰는 일이 잦아짐

만약 자녀가 밤늦게 취한 모습으로 집에 돌아온다면, 심각한 문제 상황이 분명합니다. 그러나 그 상황에서 바로 자녀에게 이야기하려고 해서는 안 됩니다. 일단은 다음 날 아침이 될 때까지 기다리세요. 자녀가 아침에 일어나면 불러서 필요한 사항들에 대해 침착하게 이야기를 해야 합니다. 전문가나 정신과 의사들이 주로 쓰는 방법은 소변 채취입니다. 부모가 해야 할 일도 마찬가지로 자녀의 소변을 채취하는 것입니다. 자녀가 소변을 제대로 가져오는지 확인할 수 있게 소변을 담아 오는 모습을 옆에서 누군가가 지켜봐야 합니다. 자녀의 소변을 병원에 가져가서 검사하면 이후 치료 방법을 결정하는 데 큰 도움이 됩니다. 자녀의 소변을 채취하는 시기는 언제가 가장 좋을까요? 자녀가 의심스러운 행동을 보인 다음 날 바로 하세요. 물론 자녀의 협조가 필요한 일입니다. 자녀가 소변 채취에 협조하지 않으면, 음주나 약물을 한 것으로 볼 수밖에 없다고 이야기하세요. 화를 내거나 잔소리하지 말고 침착한 태도로 말해야 합니다.

자녀의 상황이 그리 심각한 정도는 아닐 수도 있습니다. 자녀가 술이나 약물에 가벼운 호기심을 보이는 정도라면 가까운 병원이나 상담소에서 제공하는 교육프로그램에 참여하게 해주세요. 그 후에도 걱정이 된다면 자녀의 소변을 채취해서 병원에 검사를 맡겨보면 됩니다. 모든 부모가 알콜이나 약물 전문가가 될 필요는 없습니다. 꼭 자녀보다 더 많이 알아야 한다고 생각하지 마세요. 실제로 아는 것보다 더 많이 아는 것처럼 행동하면 자녀와의 관계가 더 나빠지고, 상황도 악화될 수 있습니다.

차라리 자녀와 함께 집에서 가벼운 술자리를 가지는 것은 어떨까요? 특별한 날을 기념하기 위해 도수가 낮은 술을 자녀가 맛만 볼 정도로 주는 것은 괜찮습니다. 하지만 정기적으로, 자주 술을 마시는 것은 절대 안 됩니다.

※ 기억하세요!

자녀의 상황이 심각한 정도가 아니라면 가까운 병원이나 상담소에서 제공하는 프로그램에 참여해봐도 좋습니다.

성과 사랑

자녀의 성장 속도에 맞게 서서히, 자주 성에 관한 이야기를 나누세요. 아이들은 자라면서 점점 일상생활 속 성에 관한 호기심이 불쑥불쑥 올라옵니다. 궁금한 점이 생기면 부모에게 이것저것 물어보기 시작하지요. 아이들의 성장 수준에 맞는 설명을 해주는 것이 가장 이상적입니다.

이미 많은 가정에서 바른 성교육을 위해 애쓰고 있습니다. 하지만 모든 가정이 그런 것은 아니지요. 아이들이 먼저 성에 관해 질문하는 경우가 많지도 않을뿐더러, 그런 상황에서 적절한 설명을 해줄 정도로 준비된 부모 또한 많지 않습니다. 우리 사회는 성적인 자극이 만연한 것에 비해 성욕과 성행위에 대한 충분한 대화가 이루어지지 않고 있습니다.

부모가 마치 성에 대한 모든 걸 이미 다 알고 있다는 듯 행동하면 상황은 더욱 나빠집니다. 많은 부모가 자녀에게 성교육을 시킨다며 마치 자기가 전문가인 양 허세를 부립니다. 성에 대해 무지한 자녀를 부모가 잘 나서서 이끌어줘야 한다고 생각하지요. 그러나 사실은 정반대입니다. 대개의 부모는 성과 성교육에 대해 충분한 정보나 지식을 갖고 있지 못합니다. 또, 어떻게 이야기를 시작해야 할지도 잘 모릅니다. 자녀들도 부모와 성에 관해 이야기하는 것을 부담스러워하고 꺼리지요. 게다가 아이들은 자신이 성에 대해 필요한 정보를 이미 다 알고 있다고 생각합니다.

그럼 어떻게 하면 좋을까요? 일단 아이들의 심리와 상황을 잘 이해해야 합니다. 자녀와 성에 관한 이야기를 나누

16세쯤 된 청소년들은 성에 대해 본인이 이미 알 만큼 안다고 생각합니다. 그리고 부모와 성에 관해 이야기하는 것을 매우 불편해합니다.

는 게 조금 어색할 수는 있지만 그렇다고 죄책감을 느껴야 할 필요도 없습니다. 청소년들은 대부분 실제 경험과는 관계없이 자신이 성에 대해 알 만큼 안다고 생각합니다. 학교, 친구, 영화, 텔레비전, 책, 잡지 등에서 제공하는 다양한 형태의 성 관련 정보에 이미 노출되어 있으니까요. 그 정보들이 맞든 틀리든 상관없이, 자신이 성에 관해 초보자라고 생각하는 아이는 거의 없습니다. 그리고 성적으로 너무 순진하게 보이는 것도 질색하지요.

"애야, 엄마랑 성에 관해서 이야기를 나눠보자꾸나."

부모의 이런 요청에 아이들은 보통 이렇게 답합니다.

"엄마, 나도 이제 다 컸어요. 알 건 다 안다고요!"

아이들이 실제로 모든 것을 다 알고 있는지 확인할 필요가 있겠지요. 정말 성에 관해서 다 안다면 성생활의 4가지 주요 내용인 임신 과정, 성병의 종류와 전염 방법, 사랑과 섹스의 관계, 성적 가치관의 중요성에 대해 모두 설명할 수 있어야 합니다.

관련 검색어

▶ 배란기
▶ 클라미디아와 임질
▶ 성관계

▶ 데이트 폭력과 집착증세
▶ 에이즈 전염 경로
▶ 피임(콘돔, 피임약 등)

▶ 남자들의 사랑　　　▶ 사후피임약

▶ 성적 취향　　　　 ▶ 금욕

　자녀와 조금 더 가볍고 편안하게 성에 관한 대화를 나누는 방법은 성에 관한 뜬소문을 이야기하는 것입니다. 아래 나온 미신들이 어디에서 시작됐고, 어떤 점이 잘못되었는지 자녀에게 설명할 수 있나요?

- 서서 성행위를 하면 임신하지 않는다.
- 처음 성행위를 할 때는 임신이 되지 않는다.
- 구강성교로는 성병이 옮지 않는다.
- 콘돔은 피임률이 100%이다.
- 많은 청소년이 성적으로 문란하다.
- 피임은 여자가 해야 한다.
- 생리 중에 성교하면 임신하지 않는다.
- 성병이 있는 사람은 육안으로 구분할 수 있다.
- 모든 성병은 치료할 수 있다.
- 성관계를 할 만한 준비가 됐는지 확인할 방법은 없다.

　다른 방법도 있습니다. 자녀에게 성에 관한 간단한 게임을 제안하는 것입니다.

　"애야. 우리가 성에 관한 모든 것을 완벽하게 알려줄 수는 없을 거야. 하지만 네가 제대로 된 정보를 가졌는지는 궁금하단다. 우리는 네가 성과 관련해서 상처받지 않기를 바라거든. 네가 임신을 할까 아니면 임신을 시키진 않을까, 원하지 않는 성 경험을 하진 않을까, 성병에 걸리지는 않을까 걱정이야. 간단한 퀴즈 게임을 해보면 좋겠어. 내가 성에 관한 질문 10가지를 준비하고, 너도 10가지를 준비하는 거야. 내가 틀릴 수도 있고, 네가 틀릴 수도 있지. 괜찮아. 준비되면 서로 문제를 내고 맞춰보자. 이렇게 해서 충분히 이야기를 나누고 나면 다음부터는 성에 관해서 절대 잔소리하지 않을게. 어때?”

이런 활동을 하기 위해 부모가 완벽한 성 전문가가 될 필요는 없습니다. 오히려 아이들은 부모가 잘 모른다고 솔직히 이야기하고 함께 공부하는 모습을 반기고, 신선하게 생각합니다.

앞에서 부모와 관계가 좋은 자녀들이 문제도 덜 일으키고 주변 사람과 건강한 관계를 맺는다고 이야기한 것을 기억하나요? 성 문제에 관해서는 어떨까요? 답을 줄 수 있는 자료가 하나 있습니다. 어느 연구자들은 부모와의 관계가 좋은 청소년과 그렇지 않은 청소년들의 성생활을 조사해서 정리했습니다. 연구 결과를 보면 부모 편에서 나쁜 소식과 좋은 소식이 있습니다. 나쁜 소식은 많은 부모의 기대와는 반대로 가족과 관계가 좋은 청소년들도 그렇지 않은 청소년들과 비슷한 수준의 성 경험을 한다는 것입니다. 좋은 소식은 부모와 관계가 좋은 청소년일수록 임신과 성병을 예방하기 위해 제대로 된 피임을 하는 빈도가 높다는 점입니다.

※기억하세요!

“얘야. 우리가 성에 관한 모든 것을 완벽하게 알려줄 수는 없을 거야. 하지만 네가 제대로 된 정보를 가졌는지는 궁금하단다. 우리는 네가 성과 관련해서 상처받지를 바라지 않거든. 네가 임신을 할까(아니면 임신을 시키진 않을까), 원하지 않는 성 경험을 하진 않을까, 성병에 걸릴까 걱정해.”

자녀와 관계가 좋은 부모는 자녀에게 성병 검사를 권하기가 비교적 쉽습니다. 성병이 걱정될 때 검사를 해보면 좋겠다고 이야기하기만 하면 되니까요. 하지만 관계가 그리 좋지 않은 상황에서는 난감하지요. 그럴 때는 자녀에게 알리지 않고 의사와의 상담을 통해 검사하는 방법도 있습니다. 자세한 방법은 의사가 알려줄 것입니다. 검사 결과 더 자세한 검사가 필요하다고 나오면 자녀에게 알리고 동의를 구하세요. 성병이 있는 것으로 진단이 나오면 부모, 의사, 자녀가 함께 해결책을 마련해야 합니다.

자녀가 누군가에게 성적 학대를 받는 것 같다면 아이에게 조심스럽게 물어보세요.

"혹시 네 생각을 묻지 않고 억지로 네 몸을 만지거나 하는 사람이 있니?"

"성적으로 불편한 일을 겪었다면 사소한 것이라도 이야기해줄래?"

명심하세요. 안타깝게도 성적 학대를 겪는 아이들이 대부분 자신의 상황을 솔직하게 이야기하지 못합니다. 아이에게 뭔가 문제가 있어 보인다면 즉시 가까운 기관의 경험 많은 전문가를 찾아가세요. 부모는 이 상황을 이야기하는 것만으로도 당황스럽고, 화가 날 수도 있습니다. 그래도 자녀의 말 한마디, 작은 행동 하나도 놓치지 말고 주의 깊게 살펴주세요. 그 안에 아이가 겪고 있는 문제를 알아차릴 수 있는 단서가 숨어 있을 수도 있습니다. 절대 자녀의 행동을 꾸짖으며 화를 내지 마세요. 부모가 화내는 모습을 본 아이는 앞으로도 입을 다물 것이고,

문제는 해결되지 않은 채 계속될 것입니다.

딸이 임신했다고 말한다면 어떻게 반응해야 할까요? 일단 마돈나Madonna의 노래 〈아빠, 화내지 마세요Papa don't preach〉를 들으며 마음을 달래세요. 1986년에 발표된 이 노래는 임신한 소녀가 자신의 심경을 아버지에게 솔직하게 말하는 내용입니다. 절대 자녀에게 마음의 상처를 주는 말을 해서는 안 됩니다. 자신의 임신 소식에 부모가 보여주는 반응을 자녀는 영원히 기억할 테니까요. 물론 부모는 충격적이고 화가 나겠지요. 하지만 가장 어려운 상황에 있는 사람은 다름 아닌 우리 아이입니다. 진심을 담아 안아주세요. 속상하면 울어도 좋습니다. 궁금한 것들을 물어보되, 절대로 '그러게 내가 뭐라고 했어!'라며 화를 내거나 신경질을 내서는 안 됩니다. 감정적으로 불안하면 문제를 있는 그대로 보기 어려워집니다. 필요하다면 마음이 가라앉을 때까지 몇 시간 정도 휴식을 가지세요. 배우자가 분통을 터뜨린다면 잠시 집을 나가 있으라고 하세요.

마음이 어느 정도 정리되면 가까운 기관을 찾아 도움을 요청합니다. 낙태할지 말지의 차원이 아니라 다양한 문제에 실질적인 도움을 줄 수 있는 전문가를 찾아야 합니다. 자녀가 자신의 상황을 솔직하게 이야기하고 도움을 받을 수 있는 사람이 필요합니다. 대개 자녀가 할 수 있는 건 입양이나 낙태 그리고 아이를 키우는 것의 세 가지입니다. 많은 경우 낙태나 아이를 키우는 방법을 선택합니다. 아이를 입양 보내는 청소년은 많지 않습니다.

만약 자녀가 아이를 낳아 기르기로 했다면 앞으로 어떻게 살지, 새로운 가족을 어떻게 부양할지, 아이를 어떻게 키울지 이야기를 나눠야 합니다. 그리고 부모의 도움이 필요한지도 확인합니다.

첨단기기

문제 예방하기

아이들이 스마트폰을 포함한 첨단기기와 소셜 네트워크에 쏟는 시간이 점점 길어지고 있습니다. 최근 연구에 따르면 9세부터 19세까지의 아이들이 텔레비전, 휴대전화, MP3 플레이어, 컴퓨터, 비디오 게임, 영화 등에 사용하는 시간이 하루 평균 아홉 시간이 넘는 것으로 나타났습니다. 그리고 대부분의 경우 한 번에 두 개 이상의 첨단기기를 사용하고 있습니다.

사실 첨단기기의 발달은 이미 부모가 통제할 수 있는 수준을 벗어났습니다. 아이들에게 무작정 첨단기기를 사용하지 말라고 할 수도 없습니다. 오히려 첨단기기를 잘 사용할 수 있도록 가르치는 것이 효과적입니다. 방법은 자동차 운전을 가르칠 때와 비슷합니다. 운전은 자녀의 삶에 지대한 영향을 미칩니다. 충분한 안내와 약속, 규칙 없이 자녀에게 운전을 허락하는 부모는 세상에 아무도 없습니다. 첨단기기도 비슷한 방법으로 접근하세요.

부모에게는 세상에 처음 등장하기 시작하는 첨단기기가 부담스럽게 느껴질 수도 있습니다. 하지만 간단한 약속만으로도 가정 내에서 첨단기기의 긍정적인 영향을 잘 살릴 수 있습니다. 가장 먼저 할 일은 자녀와 함께 첨단기기 사용에 대한 규칙을 만드는 것입니다. 이어지는 14장에서는 가족 규칙을 적용하면서도 자녀와 좋은 관계를 유지할 수 있는 다양한 방법을 만날 수 있으니 참고하세요.

규칙을 다 만들고 나면 첨단기기를 주제로 함께 공부하고 이야기를 나눕시다. 이때도 앞에서 여러 번 반복한 가족회의 원칙들을 잘 지켜야 합니다. 부모는 주제를 꺼내기만 하고 자녀가 하는 이야기에 충분히 귀를 기울여주세요. 첨단기기에 관해서는 대개 자녀가 부모보다 많은 정보와 지식을 갖고 있습니다. 그러니 말은 줄이고, 자녀의 목소리에 더 많이 귀를 기울여주세요. 부모님의 역할은 질문하고 토론하고 합의를 끌어내는 중재자입니다. 어느 정도 논의가 이루어지면 규칙을 정리한 계약서를 작성한 후 함께 서명합니다.

첨단기기 구매 시 고려 사항

1. 기기를 구입하기 전에 기기의 용도와 기능을 미리 파악해야 합니다.
2. 컴퓨터는 거실과 같은 공용 공간에서 사용합시다. 아이의 방에 따로 두는 것은 좋지 않습니다.
3. 필요하다면 자녀 보호용 프로그램을 설치하세요. 보호용 프로그램은 자녀의 컴퓨터 사용 내역을 기록하고, 과하거나 부적절한 사용은 차단해줍니다.
4. 인터넷 사용 제한 프로그램을 설치하세요. 자녀가 부적절한 사이트에 접속하는 것을 막을 수 있습니다.

5. 태블릿 PC, 인터넷 TV 등 인터넷에 접속할 수 있는 기기들 또한 자녀가 부적절하게 사용하지 않도록 관리해야 합니다.
6. 소셜 네트워크의 비밀번호와 같은 개인 정보 관련 설정은 최고 보안 수준으로 설정합니다.

인터넷과 미디어를 건전하게 활용하기

1. 이메일이나 문자 메시지에 있는 링크를 절대 함부로 클릭하지 않도록 가르치세요. 피싱 사이트, 포르노 사이트, 바이러스 사이트로 연결되는 것을 막을 수 있습니다.
2. 비디오게임, 영화, 방송 등의 청소년 허용 등급을 확인하세요.
3. 인터넷, 미디어 사용 시간에 대한 규칙을 명확히 하세요. (예: 보고 싶은 영화가 있으면 숙제를 다 한 뒤에 볼 수 있게 한다.)
4. 부적절한 인터넷 사이트, 영화, 게임의 기준을 명확히 하세요.
5. 부모가 사용하는 첨단기기는 자녀의 손이 닿지 않는 곳에 두세요.

개인 정보 보호를 위해 가르쳐야 하는 내용

1. 온라인을 통해 개인정보를 다른 사람에게 함부로 전달하면 안 된다. (예: 이름, 주소, 학교, 사진 등)
2. 비밀번호를 다른 사람에게 이야기하거나 컴퓨터 설정을 부모의 허락 없이 마음대로 바꿔서는 안 된다.
3. 온라인을 통해 만난 사람을 실제로 만날 때에는 꼭 부모와 동행

해야 한다.

4. 온라인상에서 친구를 괴롭히거나 험담을 해서는 안 된다.

5. 컴퓨터를 하다가 야한 사진이나 이상한 광고가 뜨면 즉시 화면을 끄고 부모에게 이야기해야 한다.

6. 파일을 공유할 때는 주의해서 한다. 저작권이 있는 자료나 개인정보가 포함된 내용은 어디에서든 절대 공유해서는 안 된다.

집 밖에서 첨단기기를 사용할 때

1. 집밖에서도 규칙은 그대로 적용합니다.

2. 친구들이 가족 규칙에 어긋나는 요구를 할 때는 어떻게 대처할지 미리 이야기를 나누고, 역할극도 해봅니다.

첨단기기에 관한 가족 규칙을 처음 적용하기 시작할 때, 자녀들이 떠보기와 조종하기를 시도하는 경우가 많습니다. 특히 컴퓨터 게임을 좋아하고 나이가 어릴수록 규칙을 잘 지키지 못하고 거부하는 모습을 보입니다. 자녀가 규칙을 준수하지 않는 모습을 보이더라도 마음의 준비를 하고 현명하게 대처하세요. 반대로 자녀가 규칙을 잘 지킨다면 칭찬을 아끼지 말아야 합니다. 무엇보다 중요한 것은 부모가 먼저 첨단기기를 효과적으로 잘 사용하여 모범을 보이는 것입니다.

문제 대처하기

자녀가 가족 규칙을 어기면 우선 자녀와 일대일로 대화를 하세요. 어떤 이유로 규칙을 어겼는지 알아보고, 이야기를 들어주세요. 그리고 가족 규칙에 따라 책임을 부과합니다. 규칙 위반의 수준에 따라 9장에서 살펴본 무거운 책임, 중간 책임, 가벼운 책임 중에서 하나를 선택합니다. 10장에서 다루고 있는 다른 주제들과 마찬가지로, 첨단기기와 관련된 자녀의 행동을 통제하기란 쉽지 않습니다. 부모가 집에서 아무리 노력하더라도 아이들은 집 밖에서 친구들의 컴퓨터나 휴대전화로 유해한 사이트에 너무나 쉽게 접속할 수 있습니다. 게다가 인터넷에 '컴퓨터 사용 제한 프로그램 해제하기, 부모님 간섭 벗어나기'와 같은 내용을 잠깐만 검색해도 필요한 정보를 쉽게 얻을 수 있습니다.

자녀가 또래 친구들과 자기들만의 고급 정보를 공유하는 것처럼, 부모님들도 또한 도움을 요청할 수 있는 사람이 주변에 많이 있습니다. 비슷한 문제를 겪고 있는 다른 부모들과 만나서 정보를 공유하고 서로 도와주세요. 자녀의 친구네 부모님께 전화해서 필요한 정보를 나누는 것도 아주 좋습니다. 아이의 담임선생님이나 상담 선생님, 관련 분야의 전문가, 의사를 만나서 조언을 구하는 것도 좋습니다. 주변의 부모님들은 대개 세 가지 부류로 나눌 수 있습니다. 보통 절반 정도의 부모님은 별 도움이 되지 않습니다. 자녀교육에 대해 아는 바가 거의 없거든요. 25% 정도의 부모님에게서는 어느 정도 수준의 조언을 구할 수 있고, 나머지 25%에게는 아주 큰 도움을 받을 수 있습니다. 도움을 구할 수 있는 질문에는 어떤 것들이 있을까요?

"댁에서는 첨단기기에 관해서 어떻게 지도하고 계시나요? 아이들이 떠보거나 조종하려고 할 때는 어떻게 하세요?"

10장의 내용을 모두 읽고 나서 다른 부모님들을 만나 함께 이야기를 나눠보세요. 자녀교육에 관해 함께 이야기를 나누면서 마음이 통하는 따뜻한 관계를 만들 수 있습니다. 현실적이고 효과적인 조언은 당연하고요!

다른 문제들과 마찬가지로 첨단기기의 사용에 관한 규칙 역시 자녀와의 관계가 중요합니다. 자녀와 솔직하고 친근한 관계를 유지하기 위해 노력하세요. 다투는 시간이 길어질수록 문제는 해결하기 어려워지고, 관계도 나빠집니다. 관계가 나빠지면 아이들은 계속해서 부모를 속이고, 자신의 행동을 숨기려고 합니다. 부모는 아이들이 숨기는 것, 비밀을 알아채는 것이 흥미진진하게 느껴질 수도 있습니다. 마치 추리 게임을 하는 것처럼요. 하지만 상황이 나빠질수록 부모도 고통스럽고 힘들어집니다. 무엇이 문제일까요? 아이들과의 싸움에서 이길 수 있는 부모는 사실 많지 않습니다. 게다가 싸움이 길어질수록 관계는 점점 나빠지고, 서로의 마음에 상처만 남습니다.

지금까지 운전, 술과 약물, 성과 사랑, 첨단기기에 관한 문제에 대해 부모가 대처할 방법을 알아봤습니다. 모든 부모는 문제를 예방하면서 자녀를 건강하고 행복하게 키우고 싶어 합니다. 쉽지 않은 일이지요. 청소년기 아이들은 쓸데없이 시간을 많이 허비하면서도 부모와는 시간을 보내고 싶어 하지 않습니다. 위험을 즐기고, 부모를 멀리하지요. 부모 입장으로는 화가 나고 답답할 만도 합니다. 하지만 이런 모습 또한 청소년기의 자연스러운 모습입니다. 이해하고 받아들여 주세요. 자녀를 위협하고 겁을 주면서 마음대로 하기보다는 먼저 부모가 먼저 자기 생각과 모습을 돌아보세요. 그리고 자녀를 이해하기 위해 노력 하세요.

11장

아이들도 나름의
기준이 있어요

문제의 성격과 무게는 아이에 따라 다릅니다. 가족 규칙과 4대 위험
요소에 대해 자녀와 대화를 나누었다면 느끼는 바가 있을 것입니다.
아이들도 저마다 자기 나름의 기준을 갖고 있다는 것입니다. 11장에서
는 관점을 바꿔서 아이들의 입장에 대해 생각해보겠습니다.

청소년기 자녀가 어떤 행동은 해도 되고, 어떤 행동은 하면 안 되는
지에 관한 논의는 결국 '기준'의 문제입니다. 청소년과 관련된 문제는
대부분 기준이 모호한 경우가 많습니다. 아주 큰 문제라고 볼 수는 없
더라도 부모 입장에서는 신경이 쓰이는 것도 많습니다. 문제의 크기와
부모의 기분 사이에는 사실 아무런 상관관계가 없습니다. 큰 문제를
저질렀다고 해서 부모의 기분이 많이 나빠지고, 작은 문제를 저질렀다
고 해서 기분이 덜 상하지는 않으니까요. 부모 입장에서는 작은 문제

에도 기분이 나쁠 수도 있고, 반대로 심각한 상황인데도 기분은 그리 나쁘지 않을 수도 있습니다. 부모의 기분 나쁜 정도와 자녀의 문제 정도는 꼭 비례하지 않는다는 말입니다. 부모가 자녀 때문에 미친 듯이 화난다고 해서 그 자녀가 성격에 결함이 있다거나 정신질환자, 소시오패스가 되는 것은 아닙니다. 다른 평범한 청소년들처럼 부모님을 조금 기분 나쁘게 했을 뿐이지요.

그러면 어떤 행동이 모호한 문제에 포함될까요? 가장 대표적인 예가 바로 휴대전화입니다. 딱히 용건도 없이 친구와 긴 시간 전화를 붙들고 있고, 누가 봐도 쓸데없는 대화를 주고받는 십대 자녀를 보면 어떤 느낌이 드나요? 십대는 사실 모두가 그렇다고 하면 어떤 느낌이 드나요? 심지어 그게 건강하고 자연스러운 일이라면 어떨까요? 사실은 그렇습니다. 청소년기 자녀들은 친구들과 별 시답잖은 주제로 밤새 이야기를 하는 게 정상입니다!

전화벨이 울리고, 17살 딸이 친구와 통화를 시작합니다. 통화 내용은 보통 이렇습니다.

"여보세요."

"여보세요. 뭐해?"

"그냥 있어. 너는 뭐해?"

"나도 그냥 있어."

"대박인데."

두 시간 넘게 시답잖은 대화가 이어지고 아이들은 그저 대박, 대박만 외칠 뿐입니다. 부모의 기분은 쪽박이 되어 가는데 말이에요. 점점 열이 받고, 전화 요금도 걱정됩니다. 어떻게 하면 아이가 전화를 끊고 조금이라도 더 생산적인 일에 시간을 쏟게 할 수 있을지 고민되기 시작합니다.

자, 자, 자. 일단 진정하세요. 사실, 부모가 이해하기 어려운 이런 대화는 아이들의 성장에 매우 중요합니다. 다른 사람과 관계를 맺고 유지하는 방법을 배우는 중이니까요. 친구와 대화를 나눌수록 자존감도 높아집니다. 집에만 처박혀서 친구들과 아무런 연락도 하지 않는 것보다는 훨씬 낫습니다.

전화 요금이 너무 걱정된다면 함께 새로운 규칙을 만들면 됩니다. 약속보다 많은 요금이 나오면 아이의 용돈으로 낸다거나 하는 식으로요. 무작정 막기만 하면 자녀는 외톨이가 되거나, 부모의 말을 무시하기 시작할 것입니다.

아이의 복장과 외모도 애매한 문제입니다. 옷, 머리 모양, 귀걸이를 포함해서 자녀의 신체와 관련된 모든 것이 포함됩니다. 자녀가 부모의 기준에 맞는 옷만 입기를 바랄 수는 없습니다. 아이들은 부모와는 다른 자신만의 옷과 외모 가꾸기를 통해 자기를 표현하고 생각의 폭을 넓혀갑니다.

가장 쉬운 해결책은 학교와 같은 규칙을 적용하는 것입니다. 학교에서 허용하는 옷은 집에서도 허용합니다. 최근 들어 학교의 규정이 아무리 느슨해졌다 하더라도, 기본적인 기준은 지켜지고 있습니다. 학교와 가정의 규칙이 같으면 아이들 입장에서도 따르기 쉬

🔑 중요해요

이번 장의 목표는 애매한 문제를 해결하기 위한 완벽한 대처법을 만드는 것이 아닙니다. 자녀에게도 자기 나름의 기준이 있음을 인정하는 게 중요합니다. 그다음에 어떻게 풀어나갈지 고민해도 늦지 않습니다. 자녀를 이해하면 할수록 관계도 좋아지고, 부모의 마음도 더 편안해집니다.

워서 좋습니다.

　지저분한 방은 어떤가요? 아이의 방문을 열 때마다 속이 뒤집히고 열불이 나나요? 침대보는 처음 색을 찾아볼 수 없을 만큼 더러워졌고, 바닥이 보이지 않을 정도로 물건들이 널브러져 있습니다. 그래도 너무 걱정하지 마세요. 방 청소를 하지 않는 청소년이 자라서 범죄자가 되거나, 가정을 파괴하게 된다는 연구 결과는 없습니다. 물론, 앞으로도 없을 것이고요.

　그러면 어떻게 해야 문제도 해결하고 부모의 마음도 편안해질까요? 가장 좋은 방법은 아이의 방문을 잠그고, 열어보지 않는 것입니다. 꼭 문을 열어야겠다면 문을 열자마자 바로 눈을 감으세요. 그게 차라리 낫습니다. 지저분한 방을 보면 부모는 기분이 나쁠 수밖에 없지만, 그렇다고 해서 이게 지구가 무너질 정도의 심각한 문제는 아닙니다. 심호흡을 먼저 하고, 문제를 현실적으로 바라보세요. 잔소리도 하고 싸우기도 하면서 백방으로 노력했는데도 불구하고 18살 아이가 방 청소를 하지 않는다면 당분간은 포기하는 편이 현명합니다. 이후에는 어떤 방법을 쓰더라도 방 청소를 하지 않을 테니까요. 안타깝게도 이 문제에 관해서는 부모가 이기기는 매우 어렵습니다. 그렇다고 너무 속상해할 필요는 없습니다. 방 청소를 안 한다고 해서 지구에 종말이 찾아오는 건 아니니까요. 오히려 내버려 두는 것이 말싸움으로 자녀와의 관계에 종말을 고하는 것보다는 훨씬 낫습니다.

　앞서 이야기한 문제에 대해 당신이 이미 나름의 해결책을 갖고 있고, '효과를 보고' 있다면 앞의 내용을 잊어버려도 괜찮습니다. 그러나 진정으로 '효과를 본다'라는 표현을 쓰려면 두 가지 기준을 만족해야 한다는 점을 기억하세요. 첫째, 규칙이 비합리적일 정도로 엄격해서는 안 됩니다. 둘째, 규칙 때문에 계속해서 자녀와 말싸움을 해서는 안 됩니다.

기타 기준이 모호한 문제들

부모 입장에서 고민될 만한 기준이 모호한 행동은 다음과 같습니다.

- ▶ 이해하기 어려운 음악 취향
- ▶ 편식
- ▶ 좋지 않은 말투나 태도
- ▶ 용돈 낭비
- ▶ 가족과 함께 하는 외출 거부
- ▶ 허락 없이 부모 물건 사용
- ▶ 이유 없는 불평불만
- ▶ 집안일 잊어버리고 하지 않기

충분히 부모의 기분을 상하게 할 수 있는 문제들입니다. 어떤 문제들은 매우 화가 날 수도 있고요. 하지만 자녀들이 이런 문제로 부모의 심기를 건드린다고 해서 정서적으로 문제가 있는 아이가 되거나, 심각한 문제아가 되는 것은 아닙니다. 자녀가 성장하면 할수록 기준이 모호한 문제는 끊임없이 발생합니다. 이럴 때 부모가 꼭 지켜야 할 중요한 규칙은 한 가지입니다. 자녀가 명백히 심각한 잘못을 저지른 상황이 아니라면 입을 꾹 닫으세요.

말대꾸, 늦은 취침시간, 욕설, 잦은 외출 등 비교적 사소한 문제도 있습니다. 이런 문제는 부모가 자녀의 관계가 좋을수록 더 작게 느껴집니다. 자녀가 성실하게 학교에 다니고, 부모와 관계도 좋다면 별일 아닌 것이 됩니다.

청소년기 자녀를 둔 부모가 가장 괴롭게 생각하는 두 가지가 있습니다. 무엇일까요? 술? 담배? 아닙니다. 우리 조사에 따르면 끊임없는 말대꾸와 형제간의 다툼입니다. 물론 이게 가장 심각한 문제라고 볼 수는 없습니다. 하지만 가장 화나게 하는 문제는 맞습니다.

기준이 모호한 문제에 관해 이야기한 이유를 이쯤이면 눈치채셨을 겁니다. 구체적인 대처 방법도 중요하겠지만 자녀도 부모와 마찬가지로 자기들 나름의 기준을 갖고 있다는 걸 이해하는 것이 더 중요합니다. 문제의 본질에 대해 잘 이해할수록 자녀와의 관계도 좋아지고, 부모의 마음도 더 편안해집니다. 더 자세한 내용은 부록 '이외의 문제들 다루기'에서 만날 수 있습니다.

전문가의 도움이 필요한 심각한 문제

사춘기는 자녀와 부모 모두에게 힘든 시기입니다. 어떤 문제는 단순히 힘든 수준을 넘어서 가족 모두에게 큰 고통을 줄 수도 있습니다. 부모는 이런 문제에 대해 미리 준비하고 잘 대처해야 합니다. 다음 항목들은 부모가 해결 가능한 범위를 넘어 전문가의 상담과 도움이 필요한 심각한 문제입니다.

• 분노조절장애: 생리적으로 분노를 쉽게 느끼는 아이들이 있습니다. 사회, 경제적인 환경, 부모로부터의 분리, 강박 등이 원인일

수 있습니다.

- 우울증: 청소년기에 우울증을 겪는 아이들은 지속적으로 부정적인 태도와 잦은 짜증을 보입니다. 우울증은 자존감과 삶의 만족도를 낮추고 식욕 부진과 수면 장애를 부릅니다. 성적도 떨어지고, 친구들과의 관계에도 악영향을 미칩니다.

- 주의력결핍 과잉행동장애(ADHD): 최근에 아이들이 가장 많이 보이는 증세입니다. 낮은 집중력과 불안한 성격이 특징입니다. 이 문제는 가족을 넘어 학교생활을 비롯한 사회생활 전반에 지장을 줄 수 있습니다.

- 품행장애: 청소년 비행이라고도 부릅니다. 품행장애가 있는 아이들은 다른 사람의 권리를 쉽게 무시하고 짓밟습니다. 술을 마시거나 성적으로 부적절한 행동을 하고, 친구들과 몸싸움도 합니다. 도벽을 보이기도 합니다. 문제 상황이 발생하면 남을 탓하느라 바쁩니다.

- 식이장애: 몸에 대해 왜곡된 이미지를 가진 많은 청소년이 거식증을 보입니다. 있지도 않은 살을 빼려고 음식을 거부합니다. 반대로 대식증도 있습니다. 이 아이들은 강한 수치심에 빠져 정상적인 체중을 유지하기 위해 먹고 토하기를 반복하며 몸을 망가뜨립니다. 거식증과 대식증 증세를 동시에 보이는 여자아이도 많습니다. 물론 비슷한 증세를 보이는 남자아이도 있습니다.

- 술·약물 중독: 미국에서는 청소년들이 호기심으로 대마초를 하거나 술을 마시는 경우가 종종 있습니다. 술이나 약물을 정기적으로 남용할 때에는 문제가 더 심각합니다. 심각한 경우 술이나 약물이

아이들의 삶을 지배하기도 합니다. 당연히 학교생활, 교우 관계, 가족 관계, 미래 계획은 망가질 수밖에 없습니다.

- 부모의 이혼: 청소년들은 심리적 회복 탄력성이 좋은 편입니다. 하지만 최근 연구에 따르면 부모의 이혼은 자녀에게 지울 수 없는 트라우마를 남기는 경우가 많다고 합니다. 부모가 재혼한 뒤에 새로운 가족에 적응하지 못해 심각한 스트레스를 받는 경우도 많습니다.

- 성적 학대: 성적 학대를 받은 청소년이 정확히 얼마나 되는지는 조사기관마다 다르지만, 꽤 많다는 것만은 분명합니다. 성적 학대에 노출된 아이들은 일찍 성에 눈을 뜨며, 항상 죄책감에 빠져있습니다. 그리고 인간관계를 잘 맺지 못해 낮은 자존감을 보입니다.

이런 문제들은 전문가의 도움이 필요한 정말 심각한 문제입니다. 이런 상황에서 부모 역할을 제대로 하기란 쉽지 않습니다. 그냥 내버려 둬도 되는지, 어떻게, 얼마나 개입할지 판단하기가 쉽지 않으니까요. 걱정은 되지만 어떻게 해야 좋을지 고민이 된다면 즉시 전문가를 찾아 상담을 요청하세요. 문제 해결의 실마리를 찾을 수 있을 것입니다.

8장에서 만나본 아이들의 이야기를 기억하시나요? 이번 장에서 배운 내용을 통해 수다쟁이 캐시의 문제를 이해할 수 있습니다. 친구와 몇 시간이 넘도록 통화하는 캐시의 행동은 기준이 모호한 행동이긴 하지만, 정상입니다. 걱정되는 마음은 내려놓고 무언가에 열정적으로 집중하는 아이의 모습을 예쁘게 봐주세요!

부모의 역할

자녀 때문에 걱정되거나 속상한 일이 있나요? 그러면 일단 모든 것을 멈추고 생각할 시간을 가지세요. 감정에 사로잡힌 채 말이나 행동을 하면 괜한 갈등이 생길 수 있습니다. 잠시 모든 행동을 멈추고 스스로 세 가지 질문을 해보세요.

1. 부모의 관심이나 개입이 필요한 상황인가?
2. 개입이 필요하다면, 어떻게 해야 하는가?
3. 자녀의 행동이 나의 감정에 어떤 영향을 미치는가?

자녀의 행동에 따라 부모가 취해야 할 역할은 관찰자, 조언자, 협상가, 감독자의 네 가지입니다. 자녀의 문제 상황과 수준에 따라 각기 다른 역할을 할 수 있어야 합니다. 네 가지 역할에 대해 하나씩 살펴보겠습니다.

첫 번째 역할: 관찰자

관찰자의 역할을 할 때는 자녀의 문제에 일절 개입하지 않습니다. 자녀가 스스로 문제를 해결할 수 있도록 믿고 기다려주기만 하면 됩니다. 평소에 자기관리를 잘하는 딸이 새로운 친구를 사귀었다면 걱정할 필요가 전혀 없습니다. 딸의 새로운 만남을 존중하고 격려해주는 것만으로 충분합니다. 마찬가지로 아들이 평소보다 조금 늦게 잠자리에 드는 상황도 부모의 개입이 크게 필요한 문제는 아닙니다. 물론 다음 날 일정을 망치지는 않을지 걱정이 될 수도 있습니다. 그러나 아직 실제로 문제가 발생한 것은 아니니 지금은 아이의 말과 행동을 관찰하는 것으로 충분합니다. 만약 실제로 문제가 발생하거나 자녀의 상황이 계속해서 나빠진다면 조언자나 협상가로 역할을 바꾸면 됩니다. 11장에서 살펴본 기준이 모호한 문제들에 대해서도 기본적으로는 관찰자 역할을 취합니다.

관찰자라고 해서 자녀의 이야기에 전혀 귀를 기울이지 않고 관찰만하라는 것은 아닙니다. 공감적 경청은 언제, 어떤 상황에서도 효과적인 대화법입니다. 자녀의 다이어트, 달갑지 않은 친구 관계, 일시적인 성적 하락 등 상황은 다르더라도 공감적 경청은 언제나 도움이 됩니다. 8장에서 소개한 필립의 이야기를 만나보겠습니다. 필립의 어머니는 평소 성실한 모습을 보여주던 필립의 이야기를 공감적 경청으로 들어주고, 가능하다면 몇 가지 조언을 해주려 하고 있습니다. 부모가 직접 개입하기보다는 필립의 생각과 선택을 믿고 지지해주는 태도를 유지하고 있는 것입니다.

[관찰자 역할의 부모]

어머니: 사회 과목 점수가 생각보다 너무 안 나왔지? 어떻게 하면 좋겠니?

필립: 모르겠어요. 사회 선생님 진짜 이상하다니까요.

어머니: 선생님에게 가서 상황을 한번 설명해보면 어떨까?

필립: 글쎄요.

어머니: 너라면 뭔가 좋은 해결책을 찾을 수 있을 거야.

어머니의 대처가 정말 멋지네요! 잔소리도 없었고, 부담을 주지도 않았습니다. 훈계하지도 않았으며 겁을 주지도 않았습니다. 대신 필립이 자신감을 가질 수 있도록 공감과 응원을 해주었습니다. 이 대화가 필립의 문제를 더 심각하게 만들었나요? 전혀 아닙니다. 필립은 자기 나름대로 문제를 해결해가는 중입니다.

부모는 계속 관찰자 입장에 머물고 싶지만 계속 신경 쓰이고 기분이 상할 수도 있습니다. 그럴 때는 얼마나 힘든지, 그 고통을 점수로 나타내보세요. 고통점수는 기분 나쁜 정도를 0에서 100까지 주관적인 숫자로 나타내는 것입니다. 예를 들어 기분이 전혀 나쁘지 않다면 고통점수는 0입니다. 조금 기분이 나쁘거나 귀찮은 정도라면 15, 너무나 화를 참기 어려운 상황은 85입니다. 말할 수 없이 가장 비극적이고 비참할 때에는 100이 됩니다.

이제 상황에 따라 고통점수를 측정해봅시다. 일이 끝나고 녹초가 되어 퇴근하려고 하는데 자동차 타이어가 펑크 났다고 합시다. 고통점수는 얼마일까요? 받아들이는 정도는 사람마다 다르겠지만 대부분 10 내외일 것입니다. 물론 20, 30까지 가는 사람이 있을 수도 있겠지요. 그렇다면 오른손잡이인데 사고로 오른팔이 부러졌다면요? 아마 30에서 40 정도 될 것입니다. 집에 불이 나서 완전히 다 타버렸다면? 60에서 70 정도 되지 않을까요? 가족 중 누군가 사망했다면 어떨까요? 많은 사람이 90에서 95까지 이야기할 겁니다.

모든 부모가 동의할만한 가장 비극적인 상황은 무엇일까요? 바로 자녀의 죽음입니다.

"고통점수가 130은 될 거예요."

"상상조차 하기 싫어요."

이렇게 이야기할 수도 있지만, 우리가 정한 기준 안에서 줄 수 있는 고통점수는 아마도 100이 될 것입니다.

청소년기 자녀가 속을 썩일 때마다 고통점수를 떠올려보세요. 아들이 어느 날 머리를 파랗게 염색하고 성취점수 E나 9등급으로 가득한 모의고사 성적표를 가져왔다고 생각해봅시다. 부모의 고통점수는 얼마나 될까요?

"생각만 해도 화가 나요! 적어도 85, 아니 90은 될 거예요!"

이렇게 말하는 부모도 있을 수 있습니다. 하지만 앞에서 우리가 미리 정한 기준에 비추어 생각해보세요. 자녀가 갑자기 생명을 잃었을 때가 100이라면 이런 상황의 점수는 10에서 15 정도면 충분합니다. 장기적인 관점에서 현재 상황을 현실적으로 바라보세요. 멀리 보고 생각을 찬찬히 정리하면, 처음에 느꼈던 것보다 훨씬 낮은 고통점수를 주게 됩니다.

두 번째 역할: 조언자(컨설턴트)

일반적인 기업들은 경영에 대한 전문적인 조언을 구하기 위해 컨설턴트를 고용합니다. 보통 컨설턴트의 계약 조건에는 다음의 두 가지가 꼭 포함됩니다. 첫째, 컨설팅은 유료로 제공된다. 둘째, 컨설팅을 요청한 사람은 컨설턴트의 제안을 받아들일 권리와 거부할 권리를 모두 갖는다. 이번에 이야기할 조언자 역할은 기업 컨설턴트와 거의 비슷합니다. 컨설팅 비용을 받지는 않지만요.

"머리가 조금 더 짧으면 잘 어울리겠는데."

"주말 전까지는 방 청소를 하면 좋겠다."

"굳이 내 생각을 묻는다면, 엄마 생각에는 남자친구와 보내는 시간이 너무 많은 것 같기는 해."

"오늘 외출하기 전에 숙제를 모두 끝내는 게 좋을 것 같은데."

조언자로서 부모가 하기에 적절한 수준의 말들입니다. 자녀와 좋은 관계를 유지하고 있고, 자녀가 아직 부모의 이야기에 귀를 기울이고 있다면 자녀가 발전할 좋은 기회가 될 것입니다. 하지만 주의사항이 있습니다. 강압적인 조언은 절대 안 됩니다. 그리고 자녀에게는 부모의 제안을 거절할 권리가 있습니다.

부모의 조언이나 요구를 자녀가 받아들이지 않는다면, 두 가지 대안을 선택할 수 있습니다. 똑같은 말을 계속 반복하는 것은 아무런 효과가 없으니 주의하세요. 첫 번째 대안은 관찰자 역할로 돌아가는 것입니다. 조금은 마음이 불편하더라도 참고 견뎌보세요. 두 번째 대안은 조언자 역할을 넘어 협상가의 역할을 시도해보는 것입니다. 관찰자로서 지켜보기 어려운 심각한 문제라면 부모님이 협상가 역할을 해야 할 수도 있습니다.

훌륭한 조언자는 절대 마음속 생각을 있는 그대로 표현하지 않습니다. 조언자 역할을 하는 부모는 충분히 심사숙고한 내용만을 말로 표현합니다. 우선 내가 어렸을 때는 어땠는지 뒤돌아보고, 자녀를 이해하기 위해 노력해보세요. 여기 딸인 마리의 남자친구 문제 때문에 걱정하는 어머니가 있습니다. 마리 어머니가 보기에 마리의 남자친구는 마리를 소중히 대하지 않는 것 같습니다. 머릿속이 걱정으로 꽉 차 자기도 모르게 잔소리를 하게 됐고, 마리와 원치 않은 말싸움을 하게 됐습니다.

만약 마리 엄마가 조언자 역할을 잘했다면 다음과 같은 대화가 이어졌을 것입니다.

[조언자 역할의 부모]

어머니: 마리, 엄마가 조언 좀 해주고 싶은데.

마리: 듣기 싫다면요?

어머니: 아주 짧게 핵심만 이야기할게. 그리고 절대 다른 잔소리는 하지 않을 거야. 엄마 생각에는 남자친구에게 딱 두 달만 기회를 주면 어떨까. 두 달 안에 너에 대한 태도나 행동이 바뀌지 않는다면 헤어지는 게 좋다고 생각해. 자, 하려던 말은 여기까지야.

마리: 무슨 말인지 알겠어요.

마리가 엄마의 조언에 완전히 동의하지는 않았지만 적어도 귀를 기울이기는 했습니다. 불같은 말다툼은 마리를 더 화나게 하고 심리적으로 약하게 만들 뿐입니다. 남자친구와의 관계를 어떻게 할지는 어디까지나 마리의 선택에 달려 있습니다.

자녀가 겪고 있는 문제에 대한 조언자 역할을 해주고 싶다면, 자녀의 입장을 생각해보고 자녀 스스로 문제를 해결할 능력이 있다고 믿어주어야 합니다. 깊이 있는 토론을 하든 단순히 의견만 전달하든, 부모의 조언을 받아들일지 말지 선택하는 건 자녀입니다. 부모는 항상 자녀의 선택을 존중할 준비가 되어있어야 합니다. 대화를 시작하기 전에 조언자 역할에서 절대로 벗어나지 않겠다고 굳게 다짐하세요. 자녀가 부모의 마음을 이해하지 않고 화나게 한다고 해도 분노에 휩싸여 계획에 없던 감독자 역할로 돌변해서는 절대 안 됩니다. 대화에 앞서 자녀에게 조언자 역할만 하겠다고 명확하게 밝히면 자녀의 태도도 훨씬 개방적으로 변하는 것을 볼 수 있습니다. 문제에 대한 책임과 선택권이 모두 자신에게 있기 때문입니다.

문제의 경중과 상관없이 자녀의 동의를 얻어 대화를 시작했다면 부모가 가장 먼저, 많이 해야 할 일은 바로 경청입니다. 사실 일반적인 자녀들은 부모의 의견이 별로 궁금하지 않고 관심도 없습니다. 그러나 부모가 먼저 마음을 열고 자녀의 이야기에 끝까지 귀를 기울이면 대화의 가능성은 더 커질 수 있습니다.

세 번째 역할: 협상가

"아무래도 문제가 좀 있는 것 같구나. 시간을 갖고 충분히 대화를 나누면 좋겠다."

부모님이 협상가 역할을 시작할 때 주로 쓰게 될 말입니다. 이 말 속에는 이미 많이 자란 자녀의 생각을 인정한다는 태도가 포함되어 있습니다. 그리고 자녀의 문제에 대해 더 많이 알고 싶다는 부모의 바람도 전달하고 있습니다. 기준이 모호한 정도의 문제가 아니라 심각하거나 가족 구성원에게 피해를 주는, 부모의 개입이 꼭 필요한 문제라고 느껴지면 부모는 협상가가 되어야 합니다. 이 단계에서는 자녀의 입장에 대해 듣고 어느 정도는 자녀의 선택을 존중해줄 여지가 남아 있습니다.

협상이라고 해서 딱딱하고 복잡한 규칙을 따라야 하는 것은 아닙니다. 몇 가지 간단한 원칙을 지키는 것으로 충분합니다. 우선 짧은 대화만으로 즉시 문제가 해결될 것이라는 기대는 버리세요. 아주 긴급한 상황이 아니면 지금 당장 대화를 해야 한다고 고집부리는 것도 좋지 않습니다. 더욱이 부모의 감정이 격앙되고 화난 상태라면 대화는 다음으로 미루는 편이 좋습니다. 화가 난 상태에서 대화를 나누다가 핵전쟁 수준의 다툼이 벌어질 수도 있으니까요. 전쟁은 상처를 남깁니다. 이후에는 다시 대화를 시작하기도 어려워집니다. 그렇다면 도대체 어떻게 대화를 시작해야 할까요? 상상해보세요.

"네 방에 있는 치우지 않은 음식물에 관해 이야기를 좀 하면 좋겠는데, 언제가 좋겠니? 냄새가 거실까지 나서 말이야."

"반가운 제안은 아니겠지만 우리 앉아서 천천히 이야기할 시간을 만들었으면 좋겠다. 네 대학교 진학 문제에 관한 거야."

"네 새로운 공부 계획에 대해 하고 싶은 이야기가 있는데, 언제쯤 시간 괜찮겠니?"

"흡연에 관해 이야기를 조금 나누고 싶은데. 당장은 아니어도 좋으니 언제가 좋을지 이야기해주렴."

보통의 아이들은 부모가 대화를 제안하면 즉각적인 반응을 보이며 설익은 생각을 늘어놓기 일쑤입니다. 아이가 바로 반응을 보인다고 해서 의미 있는 대화를 나누게 될 것이라고 기대하지는 마세요. 사실 아이는 부모의 간섭으로부터 최대한 빨리 벗어나고 싶을 뿐입니다. 좋게 보면, 독립을 위한 첫걸음을 내딛는 중이지요. 아이들은 부모를 멀리하기 위해 크게 두 가지 행동을 합니다. 첫 번째는 부모의 관심을 없애기 위해 최대한 별 것 아닌 듯 말하는 것입니다.

"뭐가 문제인데요?"

"엄마, 제발 좀."

"별거 아니에요. 내가 알아서 할게요."

"다시는 그 문제로 귀찮게 하지 마세요."

하지만 부모가 대화를 꺼내기 시작했을 때쯤이면 이미 문제에 대해 충분히 고민한 뒤일 것입니다. 그렇지 않다면 대화를 시작하지도 않았을 테니까요. 그럴 땐 일단 대화를 나눌 준비가 될 때까지 기다리겠다고 이야기하세요. 그리고 그냥 넘어가기에는 너무 중요한 문제라는 점도 알려주세요. 바로 이야기하지 않으면 안 되겠다고요? 아직 마음의 준비가 안 된 자녀와 억지로 대화를 나눌수록 문제는 더 심각해지고, 관계도 더 망가질 뿐입니다.

부모를 멀리하기 위한 두 번째 행동은 시비를 거는 것입니다.

"괜한 일에 참견하려고 하지 말고 아빠 일이나 신경 쓰는 게 어때요? 다시는 내 방에 얼씬도 하지 마세요."

"내가 갈 대학을 왜 엄마가 고르려고 해요? 제발 신경 좀 끄세요."

"왜 사사건건 간섭이에요? 내 공부 계획이 도대체 뭐 어때서요? 내가 언제 아빠 회사 계획에 간섭한 적 있어요?"

"엄마도 어렸을 때 담배 피웠잖아요! 본인이나 잘하시죠? 완전 위선자야!"

주의가 필요한 시점입니다. 자녀가 이런 반응을 보이면 자기도 모르게 부모의 4대 죄악을 저지르게 되는 경우가 많습니다. 자녀에게 감정적으로 대하기 시작하면 미끼에 걸린 물고기나 마찬가지인 상황이 됩니다. 자녀와 대화를 나누려는 가장 중요한 목적을 잊지 마세요. 대화의 최종 목표가 자녀와의 전쟁은 아니잖아요? 이 상황에서 협상가 역할의 부모로서 해야 할 일은 우선 자녀와 대화 약속을 잡는 것입니다. 여전히 심각한 문제가 해결되지 않은 채 진행되고 있고, 자녀가 계속 대화를 거부한다면 그때 가서 감독자 역할을 맡아도 늦지 않습니다.

자녀가 대화에 동의하면 다음으로 시간과 장소를 정하세요. 가능하면 집 밖의, 조용한 장소가 좋습니다. 외식도 좋지요. 둘이서 자동차 드라이브를 하는 것도 좋습니다. 서로 같은 곳을 바라보며 민감한 문제에 관해 이야기할 수 있는 게 드라이브의 장점이죠. 자녀가 운전할 수 있다면 운전대를 맡기는 것도 괜찮습니다. 대화가 모두 끝나면 함께 즐길 수 있는 재밋거리를 시도해보세요. 물론 이러한 시도가 언제나 성공하지는 않지만 도전해볼 만한 가치는 있습니다. 대화하는 동안 다른 가족 구성원이나 전화 벨소리로 방해받지 않도록 하는 것 역시 중요합니다.

8장에서 소개한 흡연가 페니와 엄마가 외식, 드라이브를 함께 하기로 한 뒤 집을 나서며 나누는 대화를 보겠습니다.

[협상가 역할의 부모]

페니: 하고 싶은 이야기라는 게 뭐예요?

어머니: 일단 뭐 먹을지부터 정할까?

페니: 햄버거 어때요?

어머니: 좋아, 햄버거 먹자. 그리고 오늘은 너와 담배에 관한 이야기를 하고 싶어. 네 생각부터 먼저 듣고 싶구나.

페니: 좋아요. 요즘에 밤늦게 공부해야 할 때가 많아요. 그러다 보니 집중력이 떨어질 때가 있고, 그럴 때 담배가 도움이 돼요.

페니가 운전대를 잡았습니다. 좋은 출발입니다. 페니의 어머니는 주제를 던져주고 자녀의 이야기에 귀를 기울였습니다. 흥분하지도 않았고, 호들갑을 떨지도 않았습니다. 부모가 말을 많이 할수록 대화는 실패로 끝날 가능성이 큽니다. 자녀에게 잔소리는 전혀 효과가 없다는 것은 이미 여러 번 이야기했습니다. 절대로 불필요한 말을 늘어놓지 않도록 주의하세요. 아직도 많은 부모가 자녀의 이야기에 귀 기울이기보다는 자기 이야기만 하느라 바쁩니다. 부모의 4대 죄악을 범하지 않도록 계속 주의하세요. 안 그러면 자신도 모르는 새에 이미 잘못을 저지르는 자신을 발견하게 될 테니까요.

다시 본론으로 돌아가 보겠습니다. 자녀가 먼저 생각을 말하게 하고 이야기를 들어주세요. 5분에서 10분 정도면 충분합니다. 말을 끊지 말고 집중해서 들어주세요. 눈빛이나 표정으로 부정적인 반응을 보여서도 안 됩니다. 자녀의 이야기를 경청하라는 말이 자녀의 생각에 완전히 동의하라는 건 아닙니다. 자녀의 생각에 관한 판단은 일단 미루고, 궁금한 점은 잘 정리해서 천천히 물어보세요.

아마 대부분 자녀의 대답이 마음에 들지 않을 것입니다. 그래도 침착한 태도를 유지하기 위해 노력하세요. 만약 자녀의 답변에 너무 화가 나서 감정을 추스르기 어렵다면 이렇게 말하는 것도 좋습니다.

"좋아. 내게는 너무 새로운 이야기가 많구나. 엄마도 생각해볼 시간이 조금 필요할 것 같아. 며칠 뒤에 엄마도 생각이 정리되면 다시 이야기하면 좋겠다."

그다지 기분 나쁜 상황이 아니라면 차분하게 생각을 전달할 수 있습니다. 이야기를 시작하기 전에 자녀에게도 역시 5분에서 10분 정도는 아무 말 없이 들어달라고 부탁하세요. 자녀를 나무라거나 화내지 않도록 주의해야 합니다.

대화를 통해 문제가 명확해졌다면 다음 단계는 해결책 찾기입니다. 이전의 대화로 문제가 사실 생각보다 별것 아니었음을 깨닫게 될 수도 있습니다. 이런 경우에는 굳이 해결책이 필요하지 않겠지요. 하지만 이런 행운을 만나기는 쉽지 않습니다.

정말로 효과적인 해결책을 찾고 싶다면 아무리 좋은 생각이라고 해도 부모의 생각을 자녀에게 강요해서는 안 됩니다. 자녀가 원하는 것이 무엇인지 물어보고, 진지하게 들어주세요. 효과적인 해결책을 찾기 위해서는 이렇게 물어볼 수 있습니다.

"서로 생각을 일치시키는 게 쉽지 않구나. 그렇다고 해서 우리가 방법을 못 찾을 것도 없지. 네 생각에는 어떻게 하면 좋겠니?"

"네 생각에는 어떻게 하는 게 우리 모두에게 도움이 될 것 같니?"

"어떻게 하면 좋을지 네 생각이 듣고 싶구나."

가장 효과적인 해결책은 문제에 관련된 사람들 모두에게 이득이 되는 방법을 찾는 것입니다. 그런 방법을 찾기 위해서는 관련된 사람들이 모두 조금씩은 양보해야 하지요. 사실 자녀의 제안을 기분 좋게 받아주는 편이 가장 쉽고 빠른 방법입니다. 자녀가 제안한 해결책이 마음에 들지 않는다면 자녀의 제안에서 장점은 살리고 단점은 보완할 방법을 찾아보세요.

문제 상황에 따라 다음과 같은 대안을 선택할 수도 있습니다.

1. 아들이 스피커로 음악을 너무 크게 틀어서 문제인 경우
   아빠는 아들에게 헤드폰을 사주기로 했습니다. 집에 사람이 있을

때는 헤드폰으로 음악을 듣고, 아무도 없을 때는 스피커로 크게 들어도 좋습니다.

2. 딸이 친구와 통화하면서 전화를 놓지 않는 경우

성적을 90점 이상 유지하면 아무리 길게 전화 통화를 해도 간섭하지 않기로 했습니다. 그리고 기본요금 이상의 전화요금이 나오면 딸의 용돈에서 지불하도록 합니다.

3. 19살 아들이 흡연하는 경우

조금만 지나면 성인이니 담배에 관해서는 더 말하지 않기로 했습니다. 대신 집에서 흡연은 절대 안 되는 것으로 했습니다.

4. 아들의 머리가 너무 길고 지저분한 경우

머리를 어깨보다 길게 기르면 이발 비용을 스스로 내기로 했습니다.

자녀가 별거 아니라며 더 대화하려 하지 않거나, 적대적인 태도로 일관하며 대화를 거부한다면 어떻게 해야 할까요? 두 가지 방법으로 대처할 수 있습니다. 관찰자 역할로 돌아가거나 감독자 역할로 이행하는 것입니다. 관찰자 역할로 돌아가기로 정했다면 더 이상의 조언은 하지 않습니다. 앞에서 이야기한 고통점수를 다시 떠올려보고, 기도하는 마음으로 인내하면서 마음을 가다듬으세요. 자녀 또한 다른 사람들과 마찬가지로 나와는 다른 사람이라는 사실을 받아들이세요. 감독자 역할에 대해서는 이어지는 내용에서 차차 설명하겠습니다.

해결책에 서로 동의했다면 합의한 내용을 서면으로 작성하세요. 작성한 합의서에 함께 서명도 합니다. 아이들이 이상하다고 할지도 모르지만, 서명했을 때와 하지 않았을 때의 효과는 크게 차이납니다. 공식적인 계약을 통해 함께 한 약속에 대해 한 번 더 생각하게 되고, 더 큰 책임감을 느낍니다.

아이가 약속을 잘 지킨다면 가벼운 격려를 해주세요.

"우리가 한 약속이 잘 지켜지는 것 같아서 기분 좋다."

"네가 대학교 진학에 관한 약속을 잘 지켜주는 것 같아 고마워. 네가 보기에 엄마랑 아빠도 약속을 잘 지키고 있니?"

"새로 약속한 공부 계획 나쁘지 않지? 어떠니?"

"내가 너를 완전히 이해할 수는 없겠지. 어느새 약속한 지 3주가 지났어. 지금 보니 우리가 꽤 현명하게 흡연 문제를 해결한 것 같구나."

이 정도면 충분합니다.

혹시 약속이 잘 지켜지지 않더라도 너무 실망하거나 화낼 필요가 없습니다. 합의서를 다시 꺼내어 보세요. 잘된 점은 유지하고, 아쉬운 점은 수정하면 됩니다. 협상가의 역할을 다시 읽어보고, 약속하기 위한 과정을 반복하세요. 이 와중에 자녀가 틱틱대고 차갑게 굴더라도 너무 마음에 담아두지 마세요. 청소년기 아이들은 원래 그러니까요.

네 번째 역할: 감독자

자녀 혼자서 해결하기에는 문제가 너무 심각하고 큰 경우 부모님이 해야 할 역할이 바로 감독자입니다. 대화를 충분히 나눴음에도 불구하고 문제가 개선되지 않는 경우도 여기에 해당합니다. 사춘기 청소년들은 자기 삶의 주인이 되고 싶은 욕구가 크고, 부모의 간섭을 극도로 싫어합니다. 그러니 감독자 역할을 실행에 옮기기 전에는 충분히 심사숙고할 필요가 있습니다.

감독자로서의 부모는 세 가지 방법을 선택할 수 있습니다. 첫 번째는 9장에서 이야기한 가족 규칙을 적용하는 것입니다. 자녀가 자신이 저지른 행동에 대해 약속한 대로 책임을 지게 합니다. 나머지는 두 가지는 전문가와의 상담 그리고 자녀의 독립입니다.

전문가 상담과 심리검사

11장에서 주의력결핍장애, 우울증, 품행장애, 약물 중독은 부모의 개입이 필요한, 심각한 문제라고 이야기했습니다. 이런 경우, 관련 분야의 전문가와 상담하여 전문적인 처치를 받아야 합니다. 신체적, 정신적 장애를 유발하는 거식증과 폭식증을 포함한 정신병, 성 문제, 성정체성 문제, 신체적 학대, 양극성 장애도 전문가의 도움이 필요합니다. 문제가 아주 심각할 뿐만 아니라 부모의 마음도 찢어지게 아프게 하는 일이지요. 자녀가 6개월 이상 정신적인 고통을 호소한다면 곧바로 전문가를 찾아야 합니다. 최대한 믿을 만한 사람을 찾아 전문적인 처방을 받으세요.

자녀를 효과적으로 도와줄 수 있는 사람을 찾기 위해서는 노력과 조사가 많이 뒷받침되어야 합니다. 전문가 또한 각자의 전문 영역과 해결방법이 다르기 때문입니다. 그리고 자녀의 성향과 잘 맞는지도 고민해야 합니다. 친구, 다른 부모들, 선생님, 의사, 지역 복지센터 등에 연락해서 정보를 수집하세요. 인터넷에서 정보를 찾는 것보다 훨씬 신뢰할 만한 정보를 찾을 수 있습니다. 어느 정도 괜찮은 전문가 목록을 작성했다면 차례차례 전화해보세요. 자녀의 상황에 대해 간단히 설명하고, 어떤 도움을 받을 수 있을지 물어봅니다. 그중에서 신뢰가 가는 전문가를 찾아가서 상담하면 됩니다. 전화상으로 자세하게 안내하지 않거나 무작정 와보라고만 하는 경우는 목록에서 제외하는 것이 좋습니다.

자녀에게 전문가와의 상담을 권유할 때 절대 하면 안 되는 말이 있습니다.

"치료를 받을 필요가 있어 보인다."

"치료 받으러 가자."

'치료'라는 말을 듣는 순간 자녀의 마음은 굳게 닫힙니다. 자기에게 뭔가 문제가 있는 것처럼 이야기하는 것을 좋아할 사람은 아무도 없으니까요. 자녀의 협조를 얻기 위한 효과적인 방법은 따로 있습니다. 평소 자녀와의 관계 상태에 따라서 다르게 접근하세요.

반복되는 자녀와의 갈등으로 관계가 좋지 못한 상황이라면 짧게 이야기하고 바로 약속을 잡습니다. 길게 이야기하거나 말싸움하는 상황은 피하세요.

"아무래도 우리끼리 해결하기에는 이 문제가 너무 복잡한 것 같다. 우리 함께 전문가를 만나서 상황을 이야기하고 조언을 들어보자."

부모는 자녀에게 정직해야 합니다. 자녀와의 관계가 좋든 나쁘든 자녀가 건강하게 자라길 바란다면 항상 솔직하게 자녀를 대하세요.

"요즘 네가 어떤지 계속 걱정이 되는구나. 최근 들어서 말도 줄고 거의 웃지도 않잖아. 집에 돌아오면 침대에만 누워 있고 짜증 내는 일도 많아졌어. 우리가 알던 아들이 아닌 것 같아. 그래서 전문가에게 상담을 요청하려고 해. 물론 우리도 같이 갈 거야."

8장에서 소개한 짜증만 내는 칼의 부모가 어떻게 감독자 역할을 하며 대화를 나누는지 살펴보겠습니다.

[감독자 역할의 부모]

칼: 하고 싶은 말이 뭐예요?

어머니: 네가 걱정돼. 요즘 침대에서 나오지도 않고, 숙제도 안 하고, 짜증도 늘어난 것 같아서.

칼: 세상에 완벽한 사람이 누가 있어요?

아버지: 한마디만 하자. 얼마 전에 여자친구랑 헤어지고 난 뒤에 네가 너무 변했어.

칼: 누구랑 헤어져요?(놀라며)

아버지: 자, 아빠 생각에는 전문가에게 상담을 받아보면 좋겠어. 상담 선생님이 별문제가 아니라고 하면 우리도 더는 귀찮게 하지 않을게. 만약 아빠와 엄마가 문제라면 우리 행동을 고칠 거야. 상담실에는 혼자 가도 좋고, 원한다면 우리와 같이 가도 좋아.

웬만한 아이들은 머잖아 부모의 의견을 받아들여 상담사를 만나겠다고 합니다. 만약 자녀가 계속 상담받기를 거절한다면 부모가 먼저 상담자를 찾아가세요. 자녀의 상황을 이야기하고 어떻게 하면 좋을지 조언을 구합니다. 물론, 부모가 찾아가기 전에 자녀가 먼저 상담을 받는 것이 가장 좋습니다. 자녀가 계속해서 상담을 거부하면 가족 규칙을 적용합니다.

"네가 계속 규칙을 어겨서 가족을 힘들게 하고 있어. 우리가 요청한 대로 상담을 받을 때까지 용돈을 끊을 수밖에 없구나."

상담자는 경험이 많고 전문적인 사람을 선택해야 합니다. 부모는 상담자를 선택할 권리가 있는 소비자입니다. 두세 번 정도 상담을 했는데도 자녀가 상담자에게 호감을 느끼지 않는다면 바로 다른 상담자를 찾아야 합니다.

자녀의 상황이 너무 심각해서 크게 걱정되거나, 자해가 우려될 경우 입원도 고려해야 합니다. 특히 자살 징후가 있을 때는 각별히 살펴야 합니다. 안타깝게도 청소년 자살률은 계속해서 증가하고 있습니다. 특히 술과 약물에 중독된 아이, 우울증이 있는 아이, 사회성이 낮은 완벽주의자 아이, 왕따를 당한 아이는 특히나 위험합니다. 가족 중에 자살 또는 자살 시도를 한 사람이 있는 경우도 위험합니다. 보통 자살을 생각하는 청소년들이 보이는 징후는 다음과 같습니다.

- 자살 예고
- 주변 사람의 사망: 가족, 애완동물, 애인
- 깊은 절망감
- 무기력증
- 죽음에 대한 집착

- 관계 단절
- 가족 문제: 이혼, 투병, 이사
- 중요한 물건 상실

안타깝지만 지금 이 순간에도 많은 청소년이 자살로 생을 마감하고 있습니다. 충동적으로 자살하는 아이는 없습니다. 아이들은 행동으로 옮기기 전에 많은 고민을 하며 다양한 징후를 보입니다. 부모가 항상 자녀 모습을 주의 깊게 지켜봐야 하는 이유입니다.

자녀의 독립

많은 부모가 가족에 대해 비슷비슷한 고정관념을 갖고 있습니다. 서로 사랑하고, 항상 함께하며, 자녀가 충분히 성장하기 전까지는 같이 살아야 한다고 생각합니다. 하지만 현실은 다르지요. 자녀가 가족 규칙을 어기고 자기 마음대로만 해서 갈등이 생기기도 하고, 부모님과 성격이 너무 맞지 않을 수도 있습니다. 따로 보면 멀쩡한 부모와 청소년인데 만나기만 하면 서로 으르렁대는 경우도 많습니다.

더 이상 자녀와 한집에 살기가 어렵다는 느낌이 들면 부모는 자녀교육이 실패했다는 생각에 낙심하기도 합니다. 하지만 꼭 그런 것만은 아닙니다. 많은 자녀교육 강좌에서 반복해서 이

> **❗ 주의하세요**
> 자녀와 한참을 다투다가 흥분한 상태로 자녀를 집 밖으로 내쫓아서는 안 됩니다. 자녀에게 충분히 변화할 수 있는 시간과 기회를 주어야 합니다. 깊이 고민해보고 합리적으로 행동하세요.

야기하듯, 결국 부모도 똑같은 사람입니다. 우리 모두에게는 감당할 수 있는 감정의 한계치가 있습니다. 과거의 모든 문제를 자신의 탓으로 돌릴 필요는 전혀 없습니다. 자녀의 행동을 모두 마음대로 할 수 있는 부모는 세상천지 그 어디에도 없습니다. 여러 관점에서 다양한 노력을 했는데도 불구하고 자녀가 부모의 의견을 따르지 않는다면 무언가 다른 원인이 있기 마련입니다.

더 이상 자녀와 같이 살기가 힘들고 너무 괴롭다고 느껴지는 상황이지만 자녀가 아직 어려서 독립하지 못할 수도 있습니다. 이런 상황에 맞는 대처법들도 있습니다. 우선 부모는 감독자의 역할을 계속 수행해야 합니다. 물론 쉽지는 않겠지요.

가까운 친척이나 친구네 집에 자녀를 부탁할 수도 있습니다. 자녀가 부모와 사이가 좋지 않지만 다른 사람들과는 나쁘지 않다면 고려할 만한 대안입니다. 다른 지역에 사는 삼촌에게는 같이 살 식구가 필요할 수도 있으니까요. 만약 다른 누군가에게 자녀를 부탁하기로 했다면 이사를 하기 전에 새로운 집에서 지켜야 할 규칙과 경제적인 문제 등에 대해서 미리 충분히 합의하세요. 협의 과정에는 자녀를 돌봐줄 사람과 부모, 자녀의 생각이 모두 충분히 반영되어야 합니다.

자녀를 맡길 사람이 여의치 않을 수도 있습니다. 그런 경우에는 부사관 학교나 기숙학교, 대안학교 등에 대해 알아보세요. 부모의 가치관에 부합하는지, 비용은 적절한지 충분히 따져봅니다. 괜찮은 곳이 있다면 꼭 실제로 방문해서 상담을 받고, 시설도 직접 살펴보세요.

이제부터 설명할 최후의 대안은 충분히 자란 자녀에게만 적용됩니다. 이유를 불문하고, 자녀를 완전히 독립시키세요. 너무 과한 처사라고 생각할 수도 있습니다. 막상 자녀를 집 밖으로 내보내려니 마음이 아플 수도 있습니다. 그러나 현실적인 관점에서 자녀와 부모 모두에게 득이 될 방법입니다. 사실, 이 정도 자랐으면 자녀는 이미 성인이나 마찬가지입니다. 잘되든 망하든 자신의 선택과 행동에 책임을 져야 할 나이입니다.

어떻게 하면 큰 갈등 없이 자녀를 독립시킬 수 있을까요? 극심한 몸 싸움이 벌어지지 않는 한, 기분이 나쁘거나 말싸움을 했다고 해서 흥분한 상태로 자녀에게 나가라고 하면 안 됩니다. 자녀의 독립 또한 가족 규칙에 따른 절차를 지키며 진행하세요. 가족 규칙을 정할 때 문제 행동이 계속될 경우 자녀가 져야 할 마지막 책임으로 독립을 미리 포함 시키세요. 이 과정에서 변호사나 상담사의 도움이 필요할 수도 있습니다. 자녀와 합의가 잘되지 않아 법적인 조치를 해서 밖으로 내보내려 한다면 변호사를 찾아가고, 마음의 상처와 죄책감을 달래고 싶다면 상담사를 찾아가세요.

8장에서 소개한 불량배 아니를 기억하나요? 더 이상 아니의 행동을 받아주기 어려워진 부모는 아니에게 다음과 같이 편지를 썼습니다.

아니에게

우리 서로 너무 힘든 시간을 겪고 있구나. 너에게 마지막으로 부탁하고 싶은 것이 있단다. 앞으로 한 달 동안 이 내용을 꼭 지켜주면 좋겠다. 적어도 집에 새벽 한 시 전에는 들어오면 좋겠다. 집에서 험한 말도 멈추면 좋겠고, 친구의 돈을 빼앗는 일도 더는 하지 않기를 바란다. 계속 우리와 같이 살고 싶다면 월세로 한 달에 5만 원씩 내주면 좋겠구나.

만약 이 내용을 지킬 수 없다면 독립해서 스스로 삶을 꾸리기 바란다. 조금 있으면 너도 스무 살이잖니. 독립할 때까지 원한다면 한 달 동안 준비 기간을 주마. 그리고 네가 독립하는 날까지 최대한 우리도 너의 기분을 나쁘게 하지 않도록 주의하겠다고 약속하마.

－엄마, 아빠가

자녀가 편지 안의 요구사항을 받아들이면 좋겠지만 그렇지 않을 수도 있습니다. 평소에 아니처럼 행동하는 아이라면 규칙을 지키기는커녕 오히려 독립을 반길 수도 있습니다. 자녀가 가족 규칙을 지키지 않고, 자녀를 내보낼 수밖에 없는 상황이 되면 부모님도 이제는 어느 정도 마음의 준비가 되었을 것입니다. 필요하다면 변호사의 도움을 받아 자녀를 독립시키세요. 만약 아이가 부모의 마지막 편지를 제대로 읽지도 않고 찢어버린다면 그 즉시 자녀를 내보내는 절차를 진행합니다.

자녀가 부모의 요청에도 불구하고 끝까지 나가지 않고 버티면 어떻게 해야 할까요? 변호사와 상담하여 법적인 효력을 갖춘 퇴거 요청서를 작성하세요. 퇴거 요청서에는 집을 나가지 않으면 무단침입으로 간주한다는 내용이 포함됩니다. 이 모든 과정이 고통스럽고 힘들 수 있지만, 법적인 보호를 받기 위해 꼭 필요한 절차입니다. 무엇보다 부모는 가정과 재산, 다른 가족의 안전과 행복을 지켜야 할 의무가 있습니다. 물론 여기에는 부모 자신의 안전과 행복도 포함되어 있습니다. 이렇게까지 했는데도 자녀의 행동이 변하지도 않고 집을 나가지도 않는다면? 다시 변호사의 도움을 받으세요. 경찰과 법원의 도움을 받아 이제는 불법 거주자가 된 자녀를 내보낼 수 있습니다.

까탈스러운 필립에 대한 해결책

필립은 성실하고 성적도 훌륭한 편입니다. 부모의 도움이 꼭 필요한 상황도 아니지요. 평소에는 관찰자로 자녀를 살펴보고, 꼭 필요하다면 짧게 조언자로서 이야기해주는 정도면 충분합니다. 무엇보다 필립의 생각과 선택을 존중해주는 태도가 중요합니다.

흡연가 페니에 대한 해결책

일단 잔소리나 훈계는 절대 안 됩니다. 일단은 협상가가 되어 자녀와 대화를 시도해보세요. 먼저 자녀의 의견을 충분히 들어주고 난 뒤에 부모의 생각을 이야기해야 합니다. 집안에서는 담배를 안 피우기로 하는 정도면 그래도 협상이 잘 된 편입니다. 계속 약속을 어긴다면 부모는 감독자가 되어 가족 규칙을 어긴 것에 대한 책임을 지게 합니다.

짜증만 내는 칼에 대한 해결책

칼은 여자친구와의 이별 때문에 기분이 그다지 좋지 않아 보입니다. 자녀가 짜증을 낸다고 해서 부모도 똑같이 짜증을 내서는 안 됩니다. 그러면 부정적인 감정의 골만 계속 깊어지니까요. 상황을 지켜보다가 자녀가 더 이상 스스로 문제를 해결하기 어려울 것으로 보이면 감독자가 되어 바로 전문가와의 상담을 주선하세요.

불량배 아니에 대한 해결책

아니는 주변 사람들을 너무 힘들게 하고 있습니다! 아니의 부모는 변호사의 도움을 받아서 아니를 독립시키고, 성인으로서 책임을 지게 하려고 합니다. 아울러 상담 전문가의 도움을 받아 자녀에 대한 복잡한 감정과 미안한 마음을 달랩니다.

Part 4

청소년기 자녀와의
적절한 거리는
어느 정도일까?

절대 해서는 안 될 행동:
부모의 4대 죄악

　지금까지 청소년기 아이들이 왜 위험한 행동을 하고, 부모에게 왜 차갑게 구는지에 대한 이유를 알아보았습니다. 물론 부모 입장에서는 짜증날 수밖에 없는 상황이지요. 하지만 짜증난다고 해서 부모가 마음 내키는 대로만 행동하면 상황은 더 나빠집니다. 자녀와의 관계를 망치는 부모의 4대 죄악을 저지를 가능성이 높기 때문입니다.

　존과 아버지는 꽤 사이가 좋은 편이었습니다. 존이 열다섯 살이 되기 전까지는요. 존이 열다섯 살이 되고 나서는 많은 것이 달라졌습니다. 항상 친구를 우선하고, 부모는 뒷전이었습니다. 사건은 일요일 밤에 벌어졌습니다. 내일 아침 일찍 학교에 가야 하는 존이 외투를 챙겨서 집 밖으로 나가려 했던 것입니다. 아버지는 속으로 생각했습니다.

'도대체 지금 시간이 몇 시인데 나가려고 하는 거야? 더 이상 그냥 둘 수가 없겠어.'

존의 아버지는 심기가 불편했습니다.

"어디 가니?"

"친구들 만나기로 했어요."

"친구 누구? 벌써 8시 반이 넘었잖아."

"네."

"누구 만나기로 했어?"

"탐이랑 딕, 해리요."

"한 명도 빠짐없이 이야기해야지."

"마이크랑 어쩌면 바비가 나올 수도 있고요."

"바비가 나올 수도 있다고? 진짜야? 그 멍청이 녀석이랑 매일같이 붙어 다니는 이유가 뭐야? 바비가 얼마나 사고뭉치인지 입이 닳도록 이야기했는데 들을 생각도 안 하는구나. 그 녀석들이랑 어디 가려고?"

"맥도날드요."

"맥도날드는 왜? 저녁 먹은 지 얼마 되지도 않았잖아."

"그냥 놀러 가는 거예요."

"멋지구나, 아주! 동네 불량배들이나 하는 짓이잖아. 별일도 없이 동네나 어슬렁거리고. 숙제는 다 했니?"

"다 했어요. 그것도 아주 잘, 완벽하게."

"태도가 그게 뭐야? 아빠 질문에 대답 똑바로 안 하니?"

"저 나가요."

"외출한 사람도 들어 올 시간인데 어디 간다는 거야. 내 말 듣는 거야? 이리와. 안 그러면 정말 가만 안 둔다!"

이런! 존의 아버지는 자신의 어떤 감정 상태가 어떤지, 기분이 나쁜 이유가 무엇인지 전혀 인지하지 못하고 있습니다. 물론 존이 문제행동을 하고 부모님에게 필요 이상으로 차갑게 대한 것은 잘못입니다. 부정적인 감정에 사로잡히면 누구나 이기적이고 답답한 원칙주의자가 되기 마련입니다. 존의 아버지는 대화를 나누면서 부모의 4대 죄악을 모두 저질렀습니다.

부모의 4대 죄악이란 다음과 같습니다.

1. 즉흥적인 대처
2. 잔소리
3. 훈계
4. 말싸움

주로 자녀와의 문제에 대해 즉흥적이고 감정적으로 대처할 때 부모들은 이 네 가지 잘못을 저지르게 됩니다. 부모의 4대 죄악을 범하고 얻을 수 있는 것은 아무것도 없습니다. 자녀를 더 큰 위험에 빠뜨릴 뿐입니다. 존의 아버지가 생각나는 대로 내뱉은 말 때문에 존은 더욱 커다란 마음의 상처를 입었습니다. 자신이 상처받은 만큼 다른 누군가에게 상처를 줄 가능성도 커졌지요.

존의 아버지가 현명하게 대처하려면 어떻게 해야 했을까요? 일단 마음을 가다듬으며 이렇게 생각합니다.

'감정적으로 대처하지 말자. 친구가 가장 중요할 나이잖아. 내가 어렸을 때도 그랬지.'

정말로 존의 숙제나 귀가 시간이 걱정된다면 지금이 아니라 다음을 기약하세요. 문제는 일단 머릿속에 담아두고, 나중에 따로 약속을 잡아서 이야기를 나눠도 늦지 않습니다. 지금 집 밖을 나서는 존에게 해야 할 말은 단 하나입니다.

"조심해서 다니고, 잘 놀다 오렴!"

아이가 청소년기에 접어들 때, 부모도 갱년기에 접어듭니다. 자신의 문제만으로도 힘들고, 감정적으로 지치는 시기이지요. 그러다 보니 4대 죄악을 저지를 가능성은 더 커집니다. 어쩌면 자기도 모르는 사이 무심결에 매일 같은 실수를 반복하고 있을 수도 있습니다. 그러면 그럴수록 갈등의 당사자뿐만 아니라 다른 가족 구성원들도 점점 더 힘들어집니다. 4대 죄악의 문제점에 대해 조금 더 자세히 살펴보겠습니다.

1. 즉흥적인 대처

자녀와 관련된 문제가 생겼을 때, 자녀를 그 즉시 불러서 문제에 대해 이야기해도 될까요? 절대 안 됩니다! 자녀의 성적표를 발견하고 놀란 부모님의 사례를 통해 그 이유를 살펴보겠습니다.

"요즘 어떠니?"

"좋아요."

"그래? 그럼 이건 뭐야? 우편함에 중간고사 성적표가 와 있던데. 아이고, 생물 60점은 뭐니?"

"별거 아니에요. 그냥 실수를 많이 했어요."

"엄마가 보기에는 별거 아닌 게 아닌데. 지난 학기에도 성적 떨어져서 엄마랑 이야기했잖아, 기억 안 나니?"

"네, 기억 안 나요. 아 정말 밥 먹는데 왜 그래요. 제발 그만 좀 갈궈요!"

"뭐? 갈군다고? 그게 엄마한테 할 소리야? 엄마가 네 성적을 얼마나 걱정하고 신경 쓰고 있는데…."

이 이야기 속 어머니가 나쁜 의도를 가졌다고 보기는 어렵습니다. 자녀의 낮은 성적이 걱정되어 이야기를 꺼냈을 뿐일 것입니다. 어머니의 말 중에 논리적으로 틀린 이야기도 없었고, 자녀와 말다툼을 할 생각도 없었을 것입니다. 그저 문제를 함께 풀어가고 싶을 뿐이었지요.

그러면 뭐가 문제였을까요? 자녀 입장에서는 떨어진 성적에 대해 이야기를 나누고 싶지 않습니다. 즐거운 대화 주제는 아니니까요. 부모의 즉흥적인 대처 때문에 서로 기분만 더 나빠졌고, 문제 해결의 가능성도 낮아졌습니다. 아이들은 하던 일을 중간에 방해받으면 더 많이 화를 냅니다. 별것 아닌 것처럼 보이는 텔레비전 시청이나 게임을 하고 있는 중이라고 해도요. 게다가 내용이 불편하면 기분은 더 나쁘겠지요. 자녀만 그런 것이 아니라 사람은 원래 다 그렇습니다. 이야기 속의 어머니 또한 어렸을 때는 비슷한 반응을 보였을 것입니다. 혹시나 이런 반응을 기대했나요?

"어머! 이번에 떨어진 성적을 그렇게 콕 집어서 이야기해줘서 고마워요. 엄마의 따뜻한 마음이 너무 잘 느껴지는데요?"

때론 즉각적인 대처나 대화가 필요한 상황도 있습니다. 하지만 대부분은 청소년 자녀와 의미 있는 대화를 나누고 싶다면 미리 약속을 잡는 것이 좋습니다. 중요한 문제일수록 특히 더 그렇습니다. 어떤 내용에 관해 대화하고 싶은지 부드럽고 짧게 이야기하면서 미리 약속을 잡으세요. 이렇게요.

"생물 성적을 봤어. 엄마는 조금 걱정돼. 이 부분에 관해 이야기를 나눴으면 좋겠는데, 언제가 좋겠어?"

2. 잔소리

이번에는 잔소리에 대해 알아보겠습니다. 부모님이 자녀에게 바라는 것을 반복적으로, 때로는 공격적으로 이야기하는 것을 잔소리라고 합니다. 보통 부모님이 자녀에 대해 가지는 기대와 바람에 자녀가 부응하지 못할 때 잔소리를 하게 됩니다. 부모의 첫 번째 죄악인 즉흥적인 대처와 함께 저지를 때가 많습니다.

"이게 방이야, 돼지우리야?"

"아, 제발요."

"도대체 몇 번을 말해야 알아
듣니? 방바닥에 먼지가 이게 뭐
야? 도대체 내 말을 듣기는 하
는 거니?"

"별것도 아닌…"

"언제까지 이렇게 엉망으로 살 거야? 너 이러다가 나중에 장가나 갈 수 있겠니? 이 꼴을 보고도 너랑 만나고 싶은 여자가 과연 있을지 모르겠다."

"안 그래도 이제 공부 시작하…"

"사람이 사람답게 살아야지, 돼지처럼 지내면 어떻게 하니? 도대체 정신이 있는 거야, 없는 거야? 방이 가면 갈수록 더러워지잖니!"

잔소리하게 되는 가장 큰 이유는 부모가 자녀에게 비현실적인 기대를 품기 때문입니다. 부모가 바라는 바를 끊임없이 이야기하면 언젠가는 알아들을 거라는 말도 안 되는 기대가 잔소리를 하게 만듭니다. 사실 이런 기대는 과대망상에 가깝습니다. 20회 넘게 잔소리해도 말을 듣지 않는 아이가 30회 이상 잔소리를 듣는다고 행동을 고칠까요?

그렇다면 잔소리를 멈출 방법은 무엇일까요? 일단 꼭 필요한 상황이 아니라면 이야기를 꺼내지 말아야 합니다. 하고 싶은 이야기가 생기면, 그 말이 자녀에게 꼭 필요한 내용인지 신중하게 고민해보세요. 기준이 모호한 문제라면 차라리 입을 다무는 것이 좋습니다. 꼭 이야기해야 하는 문제라면 자녀와 미리 대화할 약속을 잡으세요.

3. 훈계(가치관 주입)

훈계 역시 부모들이 많이 하는 실수입니다. 아버지가 불량배 아니를 붙잡고 훈계하는 상황을 살펴보겠습니다. 아버지가 아니에게 하는 이야기 중에 틀린 말은 하나도 없습니다.

"취직할 생각은 없니?"

"잘 모르겠어요."

"내년이면 스물한 살이잖아. 이제 적은 나이도 아닌데 뭐 느끼는 거 없니?"

"네, 알겠다고요, 알아요."

"똑바로 들어. 아빠가 네 나이일 때는 벌써 회사에 다니고 있었어. 일하는 것 말고는 다른 선택이 없었단 말이야. 세상 모든 사람이 직업을 갖기 위해 노력하고 자기 일에 최선을 다하고 있어. 그런데 너는 이게 뭐야? 일은커녕 온종일 집에 처박혀서 아무것도 안 하고 시간만 보내고 있지. 아, 하는 게 있기는 있네. 종일 야동 들여다보는 거. 네 인터넷 수신료를 왜 내가 내야 하는지 모르겠다. 잘한다, 잘해!"

"제발 그 입 좀 다물어주시죠!"

"방법만 있다면 무슨 수를 써서라도 내쫓고 말았을 거야!"

사실, 아버지가 실제로 하고 싶었던 말은 그리 공격적이지 않았을 것입니다.

'짧지 않은 인생에서 얻은 교훈을 아이에게 전해줘야지. 내가 겪은 경험을 목소리를 통해 아이의 귀에 전달하면 뇌에서 받아들일 거야. 이 말들이 아이의 생각에 뿌리를 내리고 꽃을 피우고 열매를 맺겠지. 그러면 아이는 더 건강하고 생산적으로 살게 될 거야.'

멋진 생각이네요. 하지만 실제로 이루어질 가능성은 전혀 없어 보입니다. 그 생각이 틀렸다는 게 아닙니다. 자녀를 진심으로 생각하는 부모는 모두 비슷한 생각을 합니다. 하지만 이 방법으로는 오히려 문제만 키우게 된다는 사실을 망각하고 있습니다. 정말 효과적인 대화를 하고 싶다면 다른 방법을 시도해야 합니다.

자녀에게 훈계하려는 부모가 아직도 있다면, 이렇게 묻고 싶습니다. 훈계를 듣는 자녀의 표정을 한 번 자세히 살펴보세요. 아이들의 표정이 어떻던가요? 혼자 킥킥대거나 부모를 노려보지는 않던가요? 아니면 귀찮다는 듯 다른 곳을 보거나, 돌부처처럼 무표정하지는 않던가요? 부모의 훈계를 듣는 아이들의 마음은 사실 모두 비슷합니다.

'잔소리 시리즈 43번이 결국 다시 돌아왔네. 이 고통을 벗어나거나 엄마, 아빠 입을 닫게 만들 비법이 뭐 없을까?'

훈계 이외에 다른 좋은 방법은 없을까요? 사실 해결책은 이미 앞에서 다루었습니다. 정말 문제 상황이 맞는지 신중하게 고민하고, 대화가 필요하다면 이야기를 위해 면담 약속을 잡으세요. 물론, 불량배 아니의 문제는 너무 심각합니다. 이런 경우에는 자녀를 독립시키는 게 좋습니다.

4. 말싸움

가깝게 지내는 심리학자가 한 명 있습니다. 그가 심리학자로서 부모들에게 해줄 수 있는 조언은 단 하나라고 자주 이야기합니다. 절대 자녀와 말싸움을 하지 말 것. 명언입니다. 앞에서 이야기한 즉흥적인 대처, 잔소리, 훈계는 보통 말싸움으로 이어지기 마련입니다. 말싸움이 계속되면 관계가 망가지고, 심각하면 신체적 폭행으로까지 이어질 수 있습니다. 부모님들을 상대로 자녀를 키우면서 가장 힘든 일이 무엇인지 설문을 하면 말싸움이 항상 1위로 나타납니다.

이번에는 딸의 남자친구를 매우 싫어하는 한 어머니의 사례를 살펴보겠습니다. 집에 들어온 딸의 얼굴에 있는 상처가 나 있습니다. 혹시나 딸이 데이트 폭력을 당하고 있지는 않은지 걱정이 됩니다.

"마리야, 엄마가 요즘에 네 남자친구 때문에 정말 고민이다."

"무슨 말이에요?"

"그 녀석이랑 도대체 언제쯤 헤어질 예정이니?"

"뭐가요?"

"무슨 말인지 알잖아. 그 녀석 완전 멍청이라고. 그렇지 않니?"

"엄마, 엄마랑 도대체 무슨 상관이에요."

"그 녀석이 너를 무시하고 괴롭히니까 그렇지!"

"안 그래요. 엄마도 걔가 착한 거 알잖아요."

"아니, 엄마 생각은 달라. 걔는 너를 이용하고 있는 거야. 도대체 언제 정신 차릴래?"

"어쩌시려고요? 엄마는 고등학생 때 연애해보지도 못했다면서요."

"나 좋다는 애들은 많았거든. 따라다니는 애들도 많았고."

"잘나셨네요, 아주!"

부모님들이 말싸움에 관해 가장 많이 하는 질문이 있습니다.

"말싸움하지 말라면 도대체 어떻게 하라는 건가요? 아예 대화하지 말라는 건가요? 그저 입을 닫고 아이가 하고 싶은 대로 하게 둬야 하나요?"

그렇지 않습니다. 정말 필요하다면 신중하게 생각해본 후에 자녀에게 부모의 생각을 이야기해야 합니다. 하지만 말싸움을 통해 자녀로부터 항복을 받아내기는 불가능합니다. 말싸움은 결국 승자 없는 전쟁이 되기 마련입니다. 점점 오해와 감정의 골이 깊어지고, 말싸움이 계속될수록 서로의 상처와 약점을 공격하게 됩니다. 양쪽 모두 마음의 상처만 깊어지지요.

그러면 어떻게 해야 할까요? 문제를 해결할 방법에 대해서는 차차 알아보겠습니다. 일단 흥분한 상태에서 벌어지는 불필요한 말싸움을 즉시 멈추세요. 엄마의 이야기를 듣고 딸이 어떤 생각을 할지는 사실 뻔합니다.

자녀의 쌀쌀맞은 태도 ⇨ 부모의 분노 ⇨ 4대 죄악

청소년기 아이들에게 부모님의 행동 중 가장 마음에 안 드는 것이 무엇이냐고 물어보면 항상 이 4대 죄악이 상위권을 차지합니다. 문제 해결은커녕 관계만 더 망치는 방법들입니다. 아이들의 반항심을 키워 더욱 위험한 행동을 하게 만듭니다. 4대 죄악을 피하기가 쉽지는 않습니다. 정말 각고의 노력이 필요합니다. 하지만 이 중 하나라도 계속되면 자녀와의 관계는 멀어지고, 자녀의 미래 또한 어두워집니다.

> 부모의 4대 죄악을 피하는 방법
> 1. 기준이 모호한 문제라면 침묵합니다.
> 2. 정말 중요한 문제라면 대화를 하기 위해 미리 약속을 잡습니다.
> 3. 대화가 말싸움으로 번질 것 같다면 이렇게 이야기하고 자리를 떠나세요.
>   "지금 대화하는 건 서로에게 역효과인 것 같구나. 오늘 대화는 여기까지만 하자."

14장

현명한 부모의 방법

부모 입장에서 가장 걱정되는 것은 사실 자녀의 안전입니다. 그리고 가능하면 자녀와 많은 시간을 보내고 싶어 합니다. 하지만 자녀가 청소년기에 접어들면 이제부터는 자신만의 삶을 꾸리기 위해 부모님을 멀리하게 된다는 사실을 지금까지 보면서 아셨을 것입니다. 자녀와 부모 사이에는 넘어서는 안 될 암묵적인 경계선이 있습니다. 청소년기 자녀의 쌀쌀맞은 태도와 거리 두기를 이유로 더는 섭섭해하지 마세요. 아이의 성장 과정에 필요한 당연한 일이니까요. 부모의 4대 죄악만 조심해도 자녀와의 사이에 미움과 분노의 벽이 생길 일은 없습니다.

그렇다면 청소년기 자녀와 더 친해질 방법은 전혀 없을까요? 부모의 4대 죄악 대신 활용할 수 있는 효과적인 방법들이 있습니다. 부모를 멀리하는 것이 청소년기 자녀의 특성이지만 그렇더라도 도전해볼 만한 방법입니다.

1. 공감적 경청
2. 부모님에 대해 알려주기
3. 즐거운 일 함께하기
4. 긍정적 강화

사실 이 네 가지는 부모와 자녀의 관계가 건강하다면 의도하지 않아도 자연스럽게 이루어지는 것들입니다. 하지만 자녀와 갈등이 있어 힘든 상황이라면 노력해서 시도해야 합니다.

1. 공감적 경청

자녀가 요즘에 어떤 생각을 하고 사는지 궁금하시지요? 그렇다고 항상 궁금한 것은 아니지만요. 적극적 경청이라고도 부르는 공감적 경청의 목적은 크게 두 가지입니다. 첫 번째는 상대방의 말과 생각을 정확하게 이해하는 것입니다. 그렇다고 상대방의 의견에 동의하라는 것은 아닙니다. 두 번째는 상대방이 하는 이야기를 내가 정확하게 이해하고 있는지를 지속적으로 확인하는 것입니다. 자녀가 하는 말을 더 잘 이해하려면 부모는 대화에 적극적으로 참여해야 합니다. 고개만 끄덕이면서 머릿속으로는 다른 생각을 하는 것은 공감적 경청이 아닙니다.

훌륭한 경청자가 되는 것이 쉬운 일은 아닙니다. 하지만 조금 어색하고 부자연스럽다고 느끼는 순간을 잘 넘기면 머지않아 아이의 환한 얼굴을 볼 수 있을 것입니다. 자녀와 관련하여 해결하고 싶은 문제가 있을 때는 처음부터 공감적 경청을 해야 합니다. 심리치료사나 상담자 같은 전문가들도 내담자와 처음 이야기를 나눌 때는 공감적 경청에 힘을 기울입니다. 그래야만 문제 해결의 실마리가 될 수 있는 중요한 단서를 얻을 수 있기 때문입니다.

부모와 자녀 사이의 대화도 마찬가지입니다. 자녀의 목소리에 귀 기울이지 않으면 자녀의 문제 해결은커녕 문제 자체도 파악할 수 없습니다. 꼭 자녀의 문제 해결을 위한 것이 아니더라도, 공감적 경청은 그 자체만으로도 충분히 의미가 있습니다. 사실 아이들은 부모님이 이야기를 진지하게 들어주고 이해해주는 것만으로도 깊이 고마워하거든요. 그리고 사실 아이들은 부모님이 해주는 조언의 내용에는 별로 관심이 없습니다.

청소년기 아이들은 종종 감정을 내비치는 말을 툭 내뱉곤 합니다. 별것 아닌 듯 보이는 이 말 속에 사실은 중요한 이야깃거리가 숨겨져 있을 수 있습니다. 아이의 말이 별 의미가 없을 거라고 생각하고 있으면 깊이 있는 대화는 시작하는 것조차 불가능합니다. 몇 가지 예를 들어보겠습니다.

1. "축구팀 코치가 완전 고집불통이에요!"
   "그래서 어쩌자는 거니, 슈퍼스타님?"
2. "우리 가족은 완전 지루해."
   "너도 그다지 재미있는 사람은 아니거든!"

3. "제 생각에는 결혼 전 성 경험도 괜찮은 것 같아요."

   "똑똑이 나셨구나, 아주."

아무리 봐도 대화가 더 이어지기는 어려워 보입니다. 오히려 대화하기 싫어하는 건 부모님처럼 보이기까지 하네요. 자녀는 기분이 상하니 더 쌀쌀맞아질 거고요. 자녀의 이야기를 제대로 경청하려면 아이의 말을 정확하게 이해하기 위해 노력하고, 이해한 내용을 명확하게 보여줄 수 있어야 합니다. 공감적 경청을 하기 위해 제일 먼저 할 일은 '말문 열기'입니다. 자녀가 흥미를 보일 만한 질문을 하거나 '그래?', '정말?' 하고 반응을 보여주면 됩니다. 위의 대화에 말문 열기를 적용해보겠습니다.

1. "축구팀 코치가 완전 고집불통이에요!"

   "왜 그래? 무슨 일이 있었니?"

2. "우리 가족은 완전 지루해."

   "언제부터 그렇게 생각했어? 무슨 일 있었니?"

3. "내 생각에는 혼전 성 경험도 괜찮은 것 같아요."

   "그래? 진지하게 이야기를 나눠야 할 주제인 것 같은데. 일단 네 생각이 어떤지 궁금하다."

말문을 열기 위해서는 우선 부모 자신의 감정을 스스로 조절해야 합니다. 자녀의 갑작스러운 말이 충격적이라고 하더라도 당황한 모습을 보여서는 안 됩니다. 부모가 당황하는 모습을 보면 자녀는 문제에 대해 소극적이고 방어적인 태도를 취할 가능성이 큽니다. 급하게 문제를 해결하려고 하기보다는 먼저 자녀의 이야기에 귀를 기울여주세요. 자녀의 생각과 상황에 대해 충분한 정보를 모은 뒤에 해결책을 제시하고 조치해도 늦지 않습니다. 물론 자녀들은 대부분 별다른 조언이나 조치를 원하지 않습니다.

말문 열기에 성공했다면 '판단하지 않고 공감하는 질문'으로 이야기를 이어가세요. 판단하는 질문을 하는 좋지 않은 상황을 먼저 보겠습니다.

1. "도대체 오늘은 또 뭐가 문제니?"
2. "하루도 빠지지 않고 쓰레기 같은 말을 내뱉는 이유가 뭐야?"
3. "네가 성적인 생각이나 하고 있을 나이니?"

이런 질문은 침묵이나 말싸움을 부릅니다. 대화를 계속할 수 있게 도와주는 질문은 다음과 같습니다.

1. "코치님이 자주 그러니?"
2. "그러면 어떤 걸 하면 재미있을지 알려줄래?"
3. "주변 친구 중에 그런 경험을 가진 아이들이 있니?"

질문할 때에는 목소리의 분위기와 느낌도 매우 중요합니다. 책으로 느낌을 전하기는 어렵지만 비꼬는 말투, 화난 말투, 무시하는 말투, 잘난 척하는 말투는 절대 안 됩니다. 이런 말투는 역효과만 냅니다. 부모가 자녀에게 질문해야 하는 이유는 단 하나입니다. 아이의 마음속 생각을 들어보기 위함입니다. 부모가 실제로 자녀의 생각에 동의하는지 아닌지는 그다음 문제입니다.

자녀의 생각과 마음을 알아보기 위한 경청의 다음 단계는 '잘 이해하고 있는지 확인하기'입니다. 자녀의 이야기를 요약하여 되돌려주면서 제대로 들었는지를 확인하는 것입니다. 이렇게 하면 자녀들은 부모님이 자기를 이해하려고 노력하고 있다고 생각하게 됩니다. 민감한 시기의 청소년들은 종종 이런 부모의 노력을 자신을 떠보는 것으로 오해하기도 합니다. 그럴 때는 너무 섭섭해하지 말고 이렇게 이야기해주세요.

"기분이 나쁘다면 사과할게. 네 이야기를 내가 정확하게 이해했는지 확인하고 싶었을 뿐이야."

"나도 한마디만 할게. 엄마는 네 마음과 생각을 이해하기 위해 최선을 다하고 있단다."

앞에서 예로 든 상황을 다시 살펴보겠습니다. 자녀와의 대화를 끊지 않고 공감적 경청을 하려면 다음과 같이 말하면 됩니다.

1. "축구부를 그만두고 싶은 생각이 들 때도 있겠네."
2. "우리 가족이 너무 재미없다고 느끼는 것 같은데."
3. "다른 친구들은 이미 아는 것도 많고, 경험도 많이 한 것 같은데 너만 뒤처지는 것처럼 느껴질 수도 있겠다."

별로 어렵지 않지요. 자녀가 했던 이야기를 요약해서 다시 되돌려주기만 하면 됩니다. 이 과정을 통해 자녀의 이야기를 제대로 이해하고 있는지 점검할 수 있습니다. 이런 확인 작업은 다양한 대화에서 적용 가능합니다.

1. "그러니까 네 말은 아빠나 엄마처럼 너도 담배 피울 권리가 있다는 거지? 우리 가족이 피해를 본다고 해도 말이야."
2. "코에 피어싱하면 더 예뻐 보인다는 말이지? 너한테 잘 어울리기도 하고."
3. "아빠가 너무 바빠서 건강에 소홀한 것 같아 걱정된다는 말이지?"

대화가 이어지는 중간중간 자신이 자녀의 이야기를 잘 이해하고 있는지, 혹시 오해하고 있지는 않은지 확인해주세요. 사실 자녀의 이야기를 정확하게 이해했는지는 그리 중요하지 않습니다. '잘 이해하고 있는지 확인하기'의 진짜 목적은 경청하고 있다는 사실 자체를 자녀에게 전달하는 것이니까요.

공감적 경청은 단순한 기술을 넘어 하나의 태도라고 할 수 있습니다. 상대방의 의견에 기분 나쁘거나 동의하지 않더라도 존중하고 있음을 태도로 보여주는 것이지요. 이러한 마음가짐은 너무나 당연하지만, 자녀가 아닌 부모가 먼저 보여줄 수 있습니다. 부모로서의 생각과 감정은 잠시 내려놓고, 자녀 편에서 들어주기 위해 노력했다면 충분히 훌륭한 경청자라고 할 수 있습니다. 하지만 겉으로는 공감적 경청을 하는 것처럼 보이면서 속으로는 자녀의 말에 어떻게 반박할지를 생각하고 있다면 훌륭한 경청자라고 할 수 없습니다.

자녀의 이야기에 귀를 기울이다 보면 기대 이상으로 새롭고 중요한 내용을 배우게 될 때도 많습니다. 자녀가 고마워하며 더 가깝게 다가오는 경우도 많고요.

아, 그리고 공감적 경청을 하더라도 여전히 절대 해서는 안 되는 질문이 하나 있습니다.

"오늘 하루는 어땠니?"

2. 부모님에 대해 알려주기

지나치게 모든 것을 자녀 중심으로 생각하는 부모님들이 많습니다. 혹시 자녀에게 문제가 생기지는 않을지 걱정하는 마음은 이해하지만, 이런 태도는 가능한 한 빨리 버려야 합니다. 부모의 관심이 과하면 과할수록 10대 아이들은 점점 더 말이 없어지고, 방어적으로 변하고, 냉담해집니다.

자녀의 냉담한 태도를 보고 자녀가 '동굴중독증'에 걸렸다고 표현하는 부모도 있습니다. 동물이 동굴에 틀어박히듯 온종일 방 밖으로 나오지 않는다는 말입니다. 도대체 이유가 뭘까요? 바로 자녀가 방 밖은 위험하다고 느끼기 때문입니다. 자녀가 방 밖으로 나올 때마다 이런 질문을 하기 때문입니다.

"숙제는 다 했어?"

"그 옷은 어디서 났지?"

"머리 자를 때가 지난 것 같은데."

"이리와 봐. 심부름 하나 하자."

자녀가 방 밖을 안전한 곳으로 여기도록 도와주는 방법으로는 부모님이 스스로 본인 이야기를 하는 것입니다. 생각만 해도 끔찍하네요! 사실 많은 부모가 자기 생각, 가치관, 고민에 대해 자녀에게 이야기하는 것을 불편해합니다. 그러나 사실 자녀들은 부모님의 직장 생활, 친구 관계, 중년의 삶, 오늘 있었던 일에 대해 듣는 것을 좋아합니다. 그런데 먼저 이야기하지 않으니 듣고 싶어도 들을 수가 없습니다.

너무 쑥스러워할 필요는 없습니다. 자녀에게 본인에 관해 이야기하기 전에 두 가지만 고려하면 됩니다. 첫째, 대화하면서 자녀를 훈계하거나 특정한 가치관을 주입하려 해서는 안 됩니다. 대화로 자신이 삶에서 얻은 중요한 지혜들을 전달해주고 싶어 하는 부모가 많습니다. 하지만 이런 것은 부모의 4대 죄악인 잔소리나 훈계와 다를 바가 없습니다. 대화의 유일한 목적은 즐겁고 편안한 시간을 함께 나누는 것이어야 합니다.

둘째, 재미있는 주제를 고르세요. 너무 부담가질 필요는 없습니다. 친구와 대화하는 것처럼 마음을 편하게 먹고, 머릿속에 떠오르는 주제를 이야기하면 됩니다. 평소 부모님 본인이 관심 있어 하는 주제도 좋습니다.

"오늘 회사에서 사장님이 나한테 뭐라고 했는지 알아?"

"나는 옛날부터 생물 과목이 쥐약이었어."

"오늘 마트 주차장에서 이상한 사람 만나서 싸울 뻔했다니까."

"어렸을 때는 야구 카드 수집이 취미였지."

"내가 이번 생일을 얼마나 기다리는지 모를 거야."

"내가 너만 했을 때는 이성 교제가 최대 관심사였어. 아무도 나랑 데이트를 안 해줄 것 같아 걱정이었지."

자녀에게 자신의 고민과 어려움에 관해 이야기하기 싫어하는 부모들도 있습니다. 자녀에게 고민을 전가하는 것처럼 느껴지기 때문입니다. 그러나 자녀에게 행복하고 즐거운 모습만 보여줘야 한다는 생각은 잘못된 생각입니다. 20세기 부모들이 추구하던 '외로워 슬퍼도 씩씩한' 부모관이지요.

이런 부모들은 씩씩한 모습을 보이기 위해 스스로 완벽한 존재가 되려고 하거나, 그렇게 포장하려고 노력합니다. 이런 마음가짐으로는 자녀의 문제에 온전히 공감하기가 어렵습니다.

"엄마는 항상 마음이 편안하고 완벽하단다. 그런데 넌 아직 배워야 할 것이 많아 보이는구나."

이런 느낌을 주는 말은 자녀의 거부감만 키웁니다.

어떤 부모는 청소년기 자녀를 동등한 성인처럼 대하는 것을 불편해하기도 합니다. 매번 그런 것은 아니지만, 자녀를 동등한 인격체로 대해야 할 때도 분명히 있습니다. 역할을 바꿔서 자녀가 공감적 경청을 한다고 생각해보세요. 때로는 자녀의 이야기 속에도 배울 만한 것들이 있습니다.

자녀에게 부모님이 어린 시절에 방황하던 이야기를 하는 것은 괜찮을까요? 쉽지는 않지만, 몇 가지 원칙만 지킨다면 괜찮습니다. 우선 본인이 어렸을 때 완벽한 모범생이었다고 거짓말을 해선 안 됩니다. 솔직하게 이야기하는 것이 가장 좋습니다. 그렇다고 해서 청소년기에 있었던 모든 고민과 일탈에 대해 미주알고주알 이야기하라는 것은 아닙니다. 특히 자녀와 관계가 좋지 않고, 자녀가 말썽을 자주 피우는 편이라면 이야기를 할 때 조심해야 합니다. 자녀가 부모님의 어린 시절을 들먹이며 공격할 수도 있고, 위험한 행동을 할 때 자기합리화의 근거가 될 수도 있기 때문입니다.

3. 즐거운 일 함께하기

즐거운 추억이 많이 쌓일수록 더 건강하고 친밀한 관계를 맺을 수 있습니다. 하지만 자녀와의 공통된 관심사를 찾기가 쉬운 일은 아니지요. 배우자와 함께할 수 있는 취미를 찾는 것보다도 훨씬 어려운 일입니다. 하지만 좋은 취미를 찾아서 함께하면 부모와 자녀 사이의 관계를 키우는 거름과 햇빛 역할을 해줍니다. 너무 뻔한 내용처럼 느껴질지도 모르지만, 만고불변의 진리입니다. 이번 장의 마지막 부분에서는 관계가 불편해진 자녀와도 함께할 수 있는 아주 간단하고 효과적인 활동에 대해서도 안내해드리겠습니다.

자녀와 함께 즐겁게 활동할 때 지켜야 할 규칙이 몇 가지 있습니다.

첫째, 너무 무겁거나 논쟁이 될 만한 주제의 대화는 피해주세요. 평소 자녀에게 하고 싶었던 잔소리, 고쳐야 할 점에 대한 긴 이야기는 다음으로 미뤄야 합니다.

16세 아들과 함께 낚시하러 가기로 했다고 생각해보세요. 호수 가운데에서 평화롭게 떠가는 낚싯배 안에는 이미 잡은 물고기들이 펄떡이고 있습니다. 햇빛이 참 따사롭네요. 펄떡이는 물고기들을 바라보다

문득 배가 고파집니다. 점심 메뉴를 고민하면서 주머니를 뒤져보니 현금도 넉넉합니다. 여기까지는 자녀에게 좋은 추억을 선물하고 있다고 볼 수 있습니다. 아들도 그렇게 생각할 것입니다.

하지만 만약 아들이 지난 과학 시험에서 낙제한 사실을 떠올리고, 조언을 해줘야겠다고 마음먹는 순간, 좋은 추억은 악몽으로 변합니다.

"어떻게 과학 시험에서 낙제할 수 있는지 도저히 이해가 안 된다."

둘째, 자녀와 단둘이 떠나세요. 가족이 다 같이 가는 것보다 훨씬 쉽습니다. 부모들의 큰 골칫거리 중 하나가 바로 형제 갈등입니다. 여러 자녀를 함께 데려가려고 할수록 즐거운 추억과는 점점 거리가 멀어집니다.

더군다나 청소년은 대부분 가족과 외출하기를 꺼립니다. 안 그래도 남들 눈치를 한참 보는 시기인데, 가족과 다 같이 다니는 모습은 보기 좋지 않다고 생각합니다. 가족과 외출할 때마다 자동차 뒷좌석에 앉아 있다가 아는 사람과 눈이라도 마주치면 창피하다고 숨어버리는 14세 소녀를 본 적도 있습니다. 이런 반응에 일일이 잔소리할 필요는 전혀 없습니다. 완전히 정상이거든요. 아이는 절대로 부모님을 기분 나쁘게 하려고 그러는 것이 아닙니다. 자녀 편에서도 다 같이 하는 외출보다 둘이서 하는 외출이 덜 부담스럽습니다.

셋째, 정기적으로 함께 할 수 있는 취미를 찾으세요. 정기적인 취미를 함께 하면 좋은 점이 많습니다. 예를 들어, 주말마다 자녀가 좋아하는 일을 함께하기로 했다고 생각해보세요. 주말에 자기가 원하는 취미를 하기 위해 다른 날에는 부모님과 잘 지내려고 노력하는 아이의 모습을 볼 수 있을 겁니다.

넷째, 부모님은 싫어하는데 자녀만 좋아하는 활동은 피하세요. 본인이 별로 즐기지 않는 힙합 콘서트에 자녀 때문에 억지로 가게 되면 싫은 감정을 숨기기가 어렵습니다. 겉으로 표현하지 않아도 자녀는 싫은 감정을 느낄 수밖에 없고, 서로 상처를 주는 말싸움으로 번질 수도 있습니다. 차라리 집에서 아무것도 안 하느니만 못한 일이 되지요. 쉽지는 않겠지만 꼭 부모와 자녀 모두가 함께 즐길 수 있는 활동을 찾으세요.

그렇다면 부모와 청소년이 모두 즐길 만한 활동에는 무엇이 있을까요? 함께 영화 관람을 하거나 식사하기를 추천합니다. 함께 영화를 보기 위해 할 일은 극장에 가서 영화를 고르는 것뿐입니다. 아주 쉽습니다. 아직 자녀와 함께 시간을 보내는 게 어색한 경우에도 효과적입니다. 적어도 영화를 보는 동안에는 어색하게 대화를 하지 않아도 되니까요. 영화를 본 다음에도 어색하면 어떻게 하느냐고요? 괜찮습니다. 함께 봤던 영화 내용에 관해 이야기를 나누세요.

자녀가 부모님과는 아무것도 함께 하고 싶어 하지 않는다면 어떻게 해야 할까요? 일단 자녀의 태도를 공격하거나 비난하지 않는 것이 중요합니다. 사춘기 자녀를 키우는 부모의 최우선 목표는 자녀가 가족에 대해 좋은 인상과 추억을 안고 잘 독립하도록 돕는 것이 되어야 합니다. 자녀의 태도가 마음에 안 들더라도 인내심을 갖고 좋은 관계를 만들기 위한 다른 방법들을 시도해보세요. 자녀의 행동에 너무 기분 나빠하지 마시고요.

공감적 경청, 부모님에 대해 알려주기, 즐거운 경험 나누기. 멋지지 않나요? 예상보다 빨리 자녀와의 관계가 나아지는 경험을 하게 될 것입니다. 물론 쉽지만은 않습니다. 하지만 자녀와 대화가 되지 않는 먹통 부모, 잔소리만 하는 꼰대 부모가 되는 것보다는 훨씬 낫습니다. 여기에 다음으로 알아볼 마지막 방법까지 더하면 화룡점정이 됩니다.

4. 긍정적 강화

관계가 나쁜 상태에서는 칭찬이나 격려를 하기가 어렵습니다. 그래도 청소년기 자녀와 관계를 개선하기 위한 가장 효과적인 방법은 칭찬과 격려입니다. 작은 일이라도 자녀가 잘했다면 아낌없이 칭찬해주세요. 일이 끝난 후나 일하고 있는 도중에라도 잘하고 있다고 이야기해주고, 고마움을 표시하면 됩니다.

"최선을 다해 숙제하는 모습이 정말 멋진데."
"네가 잔디를 깎아주니까 마당이 훨씬 보기 좋구나."
"아빠 짐 옮기는 걸 도와줘서 정말 고마워."

"방이 정말 깨끗한데!"

"엄마도 너처럼 현명하게 문제를 해결하지는 못했을 거야."

효과적인 칭찬을 위해 주의할 점이 있습니다. 아이의 성향에 따라 칭찬을 받아들이는 태도가 다릅니다. 구체적이고 공개적으로, 떠들썩하게 하는 칭찬을 좋아하는 아이가 있는가 하면, 티 안 나게 하는 짧고 조용한 칭찬을 좋아하는 아이도 있습니다. 자녀의 나이가 많을수록 후자쪽일 가망이 높습니다. 처음에는 짧고 가벼운 칭찬으로 시작하세요. 평소 칭찬을 많이 하지 않아 어색하거나, 관계가 서먹한 편이라면 아주 작은 것부터 칭찬하세요. 그러면 어색한 상황을 피할 수 있습니다. 칭찬이 익숙하지 않다면 불편하고 어색하기도 하겠지만 용기 내어 시도하는 것 자체가 중요합니다.

칭찬할 때는 일관성을 유지하는 것이 중요합니다. 하지만 자녀가 자주 신경을 긁고 사고를 치면 일관성을 유지하기는 어려워집니다. 일관성을 유지하기 위해 자신만의 원칙을 세우는 부모도 있습니다. 적어도 하루에 3회 또는 5회 이상 자녀를 칭찬하자고 스스로 약속하는 것입니다. 자기 자신과 약속한 칭찬 원칙을 지키려면 자녀의 냉담한 반응에 잘 대처해야 합니다. 자녀의 차가운 태도를 계속 기분 나쁘게 받아들이면 칭찬하기가 좀처럼 쉽지 않습니다. 자녀가 부모님의 칭찬을 어색해하거나 차갑게 반응하더라도 너무 섭섭해하지 마세요. 청소년기 아이에게는 아주 정상적인 반응입니다. 그리고 부모님 자신의 청소년 시절은 어땠는지 다시 떠올려보세요.

"행동은 지적하되, 아이는 지적하지 마라."

자녀 양육에 관해 잘 알려진 격언입니다. 이 원칙은 칭찬할 때에도 마찬가지로 적용됩니다. 청소년기 자녀를 칭찬할 때에는 자녀의 인격이나 성품에 대해서 칭찬하기보다는 특정한 행동을 구체적으로 칭찬해주는 것이 좋습니다. 청소년기 자녀는 성격에 대한 칭찬을 들으면 오히려 불편함과 부끄러움을 느낄 수 있습니다.

　마지막으로, 칭찬을 뒤로 미루지 마세요. "칭찬할 거리가 하나도 없는데요"라고 말하는 부모도 있습니다. 아닙니다, 절대 그렇지 않습니다. 칭찬할 부분이 없다고 생각하는 부모님에게는 토니 티치코^{Tony Dicicco}와 콜린 해커^{Colleen Hacker}의 책 〈칭찬은 찾아서 한다*Catch them being good*〉를 추천합니다. 자녀에 대한 관점과 생각을 바꾸고 자세히 살펴보면, 칭찬할 거리는 끝없이 발견할 수 있습니다.

어떻게 시작할까?

　이번 장에서 알아본 내용은 평소 자녀와의 관계, 자녀의 나이, 성격에 따라 적용 방법이 조금씩 달라져야 합니다. 자녀와의 관계가 좋지 않은 상황이라면, 부모가 감당할 수 있는 부분부터 하나씩 시작하기를 권합니다. 청소년기 자녀의 차갑고 감정적인 태도가 정상이라는 사실을 마음속 깊이 받아들이세요. 그리고 부모의 4대 죄악에 주의하세요. 그러면 자녀의 불편한 행동도 충분히 이해할 수 있게 됩니다. 여기까지는 비교적 쉬운 편입니다. 자녀를 이해하기 위해 노력하는 것, 4대 죄악을 저지르지 않도록 주의하는 것에는 자녀의 협조가 필요하지는 않으니까요. 잔소리나 간섭, 훈계는 자녀의 협조 없이 부모님 혼자서도 바로 멈출 수 있습니다. 그다음으로 해야 할 일은 긍정적 강화입니다. 처음에는 호의적인 태도를 바탕으로 한 짧은 칭찬이면 충분합니다. 물론 자녀가 별다른 반응을 보이지 않을 수도 있습니다. 그다음에는 자녀에게 너무 많은 주의를 기울이지 않도록 노력하세요. 마음을 조금 더 여유롭게 갖고, 즐기는 마음으로 부모님의 생각과 일상, 삶에 관해 이야기해보세요. 아이들은 부모님의 이야기를 들으면서 부모님 역시 자신과 똑같은 사람이고 어려움을 겪기도 한다는 사실을 알게 됩니다. 집안일 이외에 집 밖에서 해야 할 일이 많다는 것도 알게 됩니다. 자녀가 할 일은 옆에 앉아서 부모님의 이야기를 듣기만 하면 되니 별로 어렵지도 않지요.

이어서 공감적 경청을 해보세요. 처음에는 어색할 수도 있지만, 자녀와 대화하는 방법 중 가장 효과적인 방법입니다. 말을 하는 대신 귀를 열고 들어주세요. 경청을 잘하려면 연습이 필요합니다. 처음에는 어색할 수도 있지만, 관계 개선에는 경청만큼 좋은 방법이 없다는 사실을 꼭 기억하세요. 공감적 경청은 부모와 자녀 사이의 관계뿐만 아니라 부부간의 관계에도 효과가 좋습니다.

여기까지의 내용을 잘 실천하셨다면 자녀와의 관계가 많이 가까워졌을 거예요. 이제 남은 일은 자녀와 함께 즐거운 취미를 즐기고, 추억이 될 사진을 남기는 것뿐입니다. 이번 장에서 배운 내용도 갈수록 익숙해질 거예요. 그러면 더 많은 대화를 나누게 되고, 자녀에 대해서도 더 많이 알아가게 될 것입니다. 그러고 나면 당황스럽고 속상한 일들도 점점 줄어들 겁니다.

이번 14장에서 배운 내용을 잘 활용하면 말이 없어진 수잔과의 관계도 나아질 수 있습니다. 부모를 멀리하는 청소년기 자녀의 모습은 지극히 정상입니다. 처음에는 공감적 경청과 긍정적 강화를 시도해보세요. 어느 정도 관계가 가까워졌다고 느껴지면 함께 즐거운 일을 시도해보세요. 영화 관람도 아주 좋습니다.

Part 5

자녀보다 부모님
자신을 먼저 챙기세요

15장

자녀는 사춘기,
부모는 갱년기

10대 자녀를 키울 정도라면 부모도 이제는 꽤 나이가 들어 중년의 시기를 지나고 있을 것입니다. 나이는 30대 후반부터 50대까지 다양할 수 있겠네요. 중년은 다양한 경험을 하고 난 뒤에, 비교적 꿈보다는 현실을 더 중시하게 되는 시기입니다. 예전과 달리 지킬 것도 많아졌지요. 자녀들의 심리와는 정반대이네요. 사춘기 아이들과 갱년기 부모가 바라보는 삶의 관점을 그림으로 표현하면 다음과 같습니다.

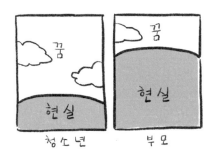

삶이 우리에게 주는 경험과 현실이 항상 아름답지만은 않습니다. 젊은 시절 꿈꾸던 경제적 여유, 지위, 삶에 대한 꿈을 모두 이루고 살기는 쉽지 않습니다. 남들이 보기에 훌륭할 정도의 부와 명예를 얻은 사람들도 매일 아침 침대에서 눈을 뜰 때 비슷한 생각을 하기 마련입니다.

'반복되는 일상에서 벗어나고 싶다.'

누구나 15년, 20년씩 같은 직장을 다니고 반복되는 삶의 굴레에 얽매여 있다 보면 뭔가 독특하고 특별한 것에 대한 갈망이 생기기 마련입니다.

소년, 소녀 시절의 달콤했던 꿈은 일, 사랑, 결혼이라는 삶의 굴곡을 지나며 예상치 못한 고통을 주기도 합니다. 결혼해도 결국 이혼을 하는 부부도 많습니다. 많은 어머니, 아버지가 한부모 가정에서 혼자서 자녀를 키우고 있습니다. 꼭 이혼하지 않더라도 결혼 생활에 만족하지 못하면서도 경제적 사정, 자녀 문제, 사회적인 시선 때문에 결혼을 유지하는 경우도 있습니다. 이런저런 경우를 모두 고려해보면 행복하고 성공한 결혼 생활을 유지할 확률은 절반도 되지 않습니다. 동화 속의 주인공처럼 '그 후로 오래오래 행복하게 사는' 결혼 생활을 하는 사람은 그리 많지 않습니다.

부모가 중년기에 접어들면 몸도 예전 같지 않고, 이제는 삶의 끝자락이 눈앞에 아른거립니다. 인생의 종착역이 이제 멀지 않은 것처럼 느껴집니다. 게다가 아이들의 할아버지, 할머니가 중한 병을 앓고 있을 수도 있습니다. 어쩌면 이미 세상을 떠나셨을 수도 있고요. 시간이 지나면 지날수록 세월은 점점 더 빠르게 느껴집니다. 어렸을 때 열광하던 배우나 가수도 이미 죽었거나 많이 늙었고, 텔레비전에 나오는 스타들은 까마득히 어려 보이기만 합니다. 과거와는 다르게 많이 변화한 환경에 불안하기도 합니다. 그렇다고 해서 모든 중년의 부모가 심리적으로 취약하고 우울하다는 것은 물론 아닙니다. 그러나 청소년기 자녀를 키우는 부모들은 적지 않은 스트레스를 정기적으로 느끼고 있을 가능성이 큽니다.

세상의 모든 부모는 이 모든 것들을 감내하는 동시에 자녀를 이해하고, 함께 시간을 보내고, 대화를 나누고 있습니다. 가끔은 갑작스러운 자녀의 변화를 통제하기도 해야 하고요.

부모의 마음은 맑음인가요?

청소년기 자녀의 크고 작은 문제에 얼마나 효과적으로 대처할 수 있는가는 부모의 평소 마음 상태와 큰 연관이 있습니다. 삶에 대한 평소 본인의 만족도를 평가해보는 시간을 가져봅시다. 고려할 것은 3가지로, 평소 겪는 스트레스의 정도, 기분, 자존감입니다. 1점부터 5점까지 점수를 준다면 몇 점을 주고 싶습니까?

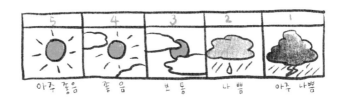

4점에서 5점은 일반적으로 좋은 기분이 항상 유지되고, 삶에 대한 만족도가 높은 상태로 해석할 수 있습니다. 가끔 기분이 좋지 않을 때도 있지만 걱정할 정도는 아닙니다. 이 세상 누구도 1년 내내 행복하기만 할 수는 없으니까요. 직장 동료, 가족, 주변으로부터 스트레스를 받을 때도 있지만 심각한 정도는 아니며, 대부분은 스스로 해결할 수 있는 정도입니다. 스트레스를 풀기 위한 취미를 갖고 있고, 자신이 하는 일을 통해 충분한 보상을 받고 있다고 느낍니다. 스스로가 완벽한 사람이 아님을 잘 알고 있지만 자기 능력과 성격에 대해 자존감이 높습니다. 주변 사람들도 본인 능력과 존재를 존중하고, 감사해하고 있습니다.

3점은 삶에 대한 만족도가 보통으로, 대개의 부모가 여기에 해당합니다. 기분이 좋을 때도, 나쁠 때도 있고 종종 스트레스를 감당하기 어렵다고 느낄 때도 있지만 부정적인 감정을 해소하는 방법은 잘 모릅니다. 다른 사람들과 시간을 보내면 기분이 나아집니다. 자존감은 보통 수준이지만, 종종 자신의 약점이나 결점 때문에 괴로워합니다.

1점에서 2점은 삶에 대한 만족도가 높지 않으며 더 나빠지기 어려운 정도로 상황이 좋지 않을 수도 있습니다. 평소에도 줄곧 우울함을 느끼거나 감정적으로 지쳐 있습니다. 자녀를 전혀 통제하지 못하는 경우가 많고, 분노를 통제하지 못해 자녀에게 쏟아내기도 합니다. 삶의 즐거움이 없으며, 사람 만나기를 꺼립니다. 자존감이 바닥을 보이거나, 전혀 없을 수도 있습니다. 자신이 쓸모없고 아무런 가치가 없는 존재라고 느낍니다.

자기 상태에 대해 가능한 객관적으로 점수를 매겨보세요. 사람은 중년을 넘어 나이를 먹으면 먹을수록 극단적인 성향을 보이는 경우가 많습니다. 온종일 농담하는 사람이 있는가 하면, 병적으로 우울한 모습만 보이는 사람도 있습니다. 지금 마음 상태는 어떤가요?

이상주의 자녀와 극현실주의 부모

청소년기는 이상을 바라보며 꿈꾸는 시기인데 비해 그런 아이들을 키우는 부모는 중년의 극현실주의자입니다. 이상주의자와 극현실주의자가 한 지붕 아래에서 같이 살면 어떤 일이 벌어질까요? 함께 일상을 보내면서 사이좋게 지내고 갈등을 해결하기가 그리 쉽지는 않을 것입니다. 물론 건강한 관계를 유지하는 부모와 청소년기 자녀도 많습니다. 하지만 자녀가 10대 후반으로 갈수록 점점 다른 가정과 비슷한 어려움을 겪게 됩니다.

이 세상 모든 부모에게는 자녀와 똑같이 청소년기가 있었습니다. 게다가 많은 부모가 본인의 사춘기 시절을 꽤 잘 기억하고 있습니다. 자녀가 10대가 되어 성장하는 모습을 지켜보면 부모 자신이 어렸을 때 겪었던 경험과 성공, 힘들었던 일들이 오래된 비디오를 꺼내 보는 것처럼 스쳐 지나갑니다. 그래서 그런지 자녀의 고민을 작은 것까지 빠짐없이 파악하고 문제를 해결하기 위해 온갖 정성을 기울이려는 부모들도 많습니다. 부모의 과도한 관심이 자녀의 화를 돋우는 줄도 모르고요! 부모가 자녀의 일거수일투족에 간섭하고 걱정할수록 오해와 말다툼, 불필요한 갈등만 커집니다.

　지금의 부모들도 어렸을 때는 어른들 몰래 이런저런 일을 많이 했습니다. 대부분은 어른들에게 말할 수 없는 위험하고 스릴 넘치는 일이지요. 자신이 직접 겪어 보았으니 자녀에 대한 걱정과 의심, 불안은 멈출 수가 없습니다. 급기야 자기도 모르게 부모의 4대 죄악을 저지르게 됩니다. 어렸을 때 그렇게 싫어하던 부모의 답답하고 꼰대 같은 모습을 자기도 모르게 닮아가고 있는 것이지요.

　부모는 대개 자녀를 자신의 분신처럼 생각합니다. 자녀의 성공이 곧 자신의 성공이고, 자녀의 실패는 자신의 실패라고 생각합니다. 부모의 자존감은 자녀의 손바닥 위에서 놀고 있는 것이나 마찬가지입니다. 무슨 수를 써서든 부모님과는 다르게 살고 싶어 하는 바로 그 아이 말이에요. 자녀가 데리고 다니기가 괴로울 정도로 개성이 넘치고 괴상망측한 옷을 입고 다니는 이유가 여기에 있습니다.

　이상주의자인 자녀와 극현실주의 부모의 사이를 갈라놓는 요인은 꿈에 대한 태도 외에도 다양합니다. 자녀가 사춘기에 접어들면 사실 부모님의 역할 중 70%는 끝났다고 봐야 합니다. 자녀의 성격이나 습관을 바꾸기에는 이미 너무 늦었습니다. 어떤 부모들은 자녀가 18살이 다 되었는데도 스타일이 마음에 안 들어 불만입니다. 집을 나서는 자녀의 요상한 머리, 넝마주이 같은 옷, 피어싱, 틱틱대는 태도. 모두 이상해 보입니다. 따뜻한 마음을 꾹꾹 담아 꼭 한마디 하고 싶어집니다. 자녀와의 관계를 망가뜨리는 급행열차를 타는 것이지요.

　긴 훈계와 잔소리는 결국 말싸움으로 이어집니다. 부모와의 말싸움 뒤에 아이들은 아예 입을 닫거나 필요 이상으로 움츠러들기도 합니다.

자녀를 공장의 생산품으로, 부모 자신을 공장장으로 생각하는 태도 때문에 이런 상황이 발생합니다. 자녀가 거의 다 자라서 공장 컨베이어 벨트의 끝에 다 왔으니 제품을 출시하기 전에 가능하면 빨리 잘못된 점을 찾아서 하자를 보수하고 수리해야 한다고 생각하는 거지요. 하지만 우리 아이들은 공장의 제품이 아니고, 아이들의 성장 과정은 컨베이어 벨트가 아니며, 부모 또한 자녀를 만드는 공장의 공장장이 아닙니다.

자녀는 감정 쓰레기통이 아니다

물론 청소년에게도 부모가 나서서 관여하고 이끌어줘야 하는 상황은 있습니다. 자녀의 기분이 좋고 나쁘고를 떠나서 문제점을 말해줘야 하는 순간도 있고요. 그러나 불필요한 간섭은 언제나 관계의 독이 됩니다. 자녀의 문제 상황이 너무 심각해서 어쩔 수 없이 관여하는 것은 필요하지만, 부모의 스트레스를 풀기 위한 잔소리는 절대 안 됩니다.

사실 자녀를 건강하게 키우기 위한 첫걸음은 부모 본인의 건강관리입니다. 앞에서 매긴 삶의 만족도 점수가 그리 높지 않다면 자녀를 걱정하기 전에 본인의 문제를 먼저 걱정해야 합니다. 본인의 삶이 정상궤도 위에 오른 뒤에 자녀 문제에 대해 걱정해도 늦지 않습니다.

> **※ 기억하세요!**
>
> 평소 스트레스를 많이 받는 부모님들은 자녀의 쌀쌀맞은 태도를 이해하지 못하고 분노를 폭발시키며 부모의 4대 죄악을 반복하곤 합니다. 특히 기준이 모호한 문제의 경우, 상황을 더욱 악화시키는 경우가 많습니다.

자녀 문제보다 부모 본인의 문제를 먼저 해결해야 하는 이유는 몇 가지가 있습니다. 첫째, 부모가 스트레스를 많이 받으면 자녀에게 화를 내기 쉬워집니다. 상황이 너무 힘들기 때문입니다. 다른 사람과의 관계도 원만하지 않을 가능성이 큽니다. 이런 상황에서는 자녀와의 문제를 해결하기가 더욱 힘듭니다.

두 번째 이유는 더 간단합니다. 자녀 문제는 부모가 완전히 통제하는 게 불가능한 일이지만, 본인의 문제는 그래도 비교적 통제가 가능합니다. 통제가 어려운 문제와 비교적 쉬운 문제 중에 어떤 문제를 먼저 해결해야 할까요?

세 번째 이유는 감정의 치환입니다. 감정의 치환은 심리적으로 불안한 상태에서 많이 나타나는 증세입니다. 특정 상황에서 발생한 불편한 감정을 다른 곳에서 분출하는 것을 의미합니다. 쉽게 말해 종로에서 뺨 맞고 한강에서 화풀이하는 경우를 말합니다. 자녀를 키우는 부모가 쉽게 저지르는 실수가 바로 감정의 치환입니다. 자녀를 마치 감정의 쓰레기통처럼 여기며 다른 곳에서 받은 스트레스를 자녀에게 푸는 것이지요. 감정의 치환은 본인도 인지하지 못한 채 저지르는 경우가 많습니다.

어느 날 아버지는 직장에서 상사에게 심한 문책을 당해 기분이 상했습니다. 그런데 퇴근하는 길에 집 앞에 세 살 아들의 세발자전거가 아무렇게나 널브러져 있는 모습을 발견합니다. 그걸 보고는 집에 들어오자마자 씩씩대기 시작합니다. 직장에서 받은 스트레스를 부인에게 화를 내며 푸는 치환의 예라고 할 수 있습니다. 그러나 아이러니하게도 아버지 본인은 부인에게 화를 내는 이유가 순전히 세발자전거 때문이라고 생각합니다. 아버지의 기분을 상하게 했던 진짜 이유인 직장에서의 문제는 기억에서 잊혔지만, 사실 무의식중에 여전히 감정을 쥐고 흔들고 있는 것입니다. 화풀이의 대상이 되었던 부인 역시 직장에서 어떤 일이 있었는지 알게 되기 전까지는 세발자전거가 분노의 원인이라고 생각할 것입니다.

사실 감정 치환의 진짜 문제는 따로 있습니다. 첫 번째는 문제를 더 심각하게 만든다는 것이고, 두 번째는 엉뚱한 곳에 에너지를 쏟게 만든다는 것입니다. 감정 치환의 이런 문제점이 청소년기 자녀와의 관계에 미치는 영향은 어떨까요? 불안정하고 힘든 상황에 놓인 부모는 자녀의 문제를 실제보다 과장되게 받아들이는 경향이 있습니다. 사소한 문제도 심각하게 보이고, 심각한 경우 자녀가 걸어 다니는 재앙 덩어리로 보이기까지 합니다. 지저분한 방, 너무 긴 통화 시간처럼 사실은 별일 아닌 문제에도 미친 듯이 화를 냅니다.

최악의 상황은 불편한 감정의 원인이 자녀가 아니라 자신에게 있음을 끝까지 깨닫지 못하는 것입니다. 자녀들은 자기가 별문제를 일으키지도 않았는데 부모님이 너무 과하게 반응한다고 느끼기 시작하면 더 심하게 반항하고 저항합니다. 부모가 적절한 문제로 화를 내는지, 별것 아닌 일로 야단을 피우는지 정도는 아이들도 충분히 구분할 수 있습니다.

이젠 전쟁이야!

부모뿐만 아니라 자녀 또한 자신의 부정적인 감정을 부모 탓으로 치환할 수 있습니다. 부모와 자녀가 서로를 감정의 쓰레기통으로 보기 시작하면 둘의 관계는 전쟁으로 치닫게 됩니다. 이런 경우에는 차라리 서로 거리를 두고 멀리하는 것이 나을 수도 있습니다. 적어도 서로 상처를 주는 말을 하지는 않을 테니까요. 서로에게 부정적인 감정을 쏟아내며 부모 자식 관계가 망가질수록 청소년기 자녀가 위험한 일에 노출되거나 다른 사람들에게 피해를 줄 수도 있습니다.

에릭 번^{Eric Berne}(1910-1970)은 교류 분석 이론을 세운 미국의 정신분석학자입니다. 그는 저서 〈심리 게임Games People Play〉에서 사람들이 불필요하게 에너지를 쏟으며 비효과적으로 소통하는 모습을 일종의 비생산적인 '게임^{Game}'으로 정의했습니다. 그는 타인과 '게임'을 하는 사람들이 겉으로는 그럴싸해 보여도 속으로는 이기적이고 감정적인 자신의 욕구를 충족시키고자 한다는 목표를 숨기고 있다고 보았습니다.

번은 다른 사람과의 관계에서 '게임'을 하는 사람들이 자주 쓰는 말들을 조금 독특하고 유머러스한 관점에서 포착했습니다.

"나를 미워하세요."

"왜 이런 일은 나에게만 생기지?"

"너 딱 걸렸어. 못된 녀석아!"

이런 말을 자주 쓰는 사람들은 다른 사람과의 관계를 일종의 피상적인 게임으로 받아들이고 다른 사람의 약점이나 단점을 찾아내는 데 혈안이 되어있습니다. 작은 문제라도 발견하면 선을 넘는 잔소리와 분노, 훈계를 미친 듯이 쏟아냅니다.

"너 딱 걸렸어"라는 말의 표면적인 이유는 다른 사람의 문제나 오류를 교정해주는 것입니다. 그러나 실제로는 독선적인 태도와 자기합리화로 다른 사람에게 화풀이하고, 우월감에 취해 감정적인 만족감을 느끼려는 것입니다. 삶의 만족도가 높지 않은 사람들은 다른 사람에게 화를 내고 분풀이를 하는 것으로 감정적 만족감을 느끼는 경우도 많습니다.

분노에는 다른 부정적 감정과는 다른 독특한 면모가 있습니다. 분노는 불안, 죄책감, 우울과 같은 다른 부정적 감정과는 조금 다릅니다. 불안이나 죄책감을 느끼고 싶어 하는 사람은 세상에 없습니다. 개인의 삶이 만족스럽지 않아 약간의 우울함으로 감정을 상쇄하는 경우는 종종 있어도 그런 사람이 많다고 보기는 어렵습니다. 그러나 분노를 폭발시키며 감정을 쏟아내는 순간을 무의식적으로 즐기는 사람은 아주 많습니다.

자신의 분노를 깨닫고 감정을 폭발하는 순간에 느껴지는 시원함과 짜릿함에 중독되는 것입니다. 게다가 쌀쌀맞고 불쾌한 행동을 일삼는 청소년기 자녀는 부모님의 화를 주기적으로 돋우며 더욱 분노에 중독되게 만듭니다. 청소년기 자녀 말고 부모님을 이렇게 자주 화나게 만들 수 있는 사람이 누가 있겠어요? 아이들이 어른들처럼 "방금 딱 걸렸어요"라는 말을 하기 시작하면 분노를 참기 어려워집니다.

"이게 다 널 위한 거야."

"공부하기 싫으면…"

"이 집구석을 신경 쓰는 사람은 나밖에…"

"그러게 처음부터 아빠 말을 들었으면…"

평소 위와 같은 말을 자주 하고, 다른 평범한 부모들에 비해 아주 뛰어난 '게이머'가 되어 자녀와의 관계를 되돌릴 수 없을 만큼 망치고 싶으신가요? 자녀와의 관계를 망치는 방법이 궁금하시다면 아주 효과적인 방법이 있습니다.

- 자녀를 걸어 다니는 시한폭탄이라고 생각하세요. 아무리 남들이 우리 아이를 정상적이고 똑똑하다고 말해도요.
- 아무리 작은 것이라도 자녀를 비판할 거리를 놓치지 마세요. 자녀가 외출한 뒤에 허락 없이 방에 들어가면 자녀의 단점을 아주 쉽게 찾을 수 있습니다.
- 자녀를 끊임없이 평가하고 판단하세요. 냉철한 관점과 차가운 태도로 아주 작은 실수나 약간 거슬리는 태도조차 놓치지 마세요.
- 끊임없이, 멈추지 말고 자녀에 대한 걱정을 쏟아내세요.
- 직장에서 괴롭고 힘든 일이 있었다면 퇴근 후 무조건 집까지 감정을 끌고 오세요. 그리고 이 세상 모든 문제의 원흉인 자녀를 불러서 평소와 다름없이 화를 내세요.
- 계속해서 높은 수준의 분노를 유지하세요.

자녀와의 관계를 망치기 위한 비법 하나를 더 알려드리겠습니다. 자녀가 외출하면 방에 몰래 들어가서 담배나 술을 한 흔적은 없는지, 피임기구가 있지는 않은지 샅샅이 조사하세요. 큰 문제가 없다고요? 걱정하지 마세요. 매의 눈으로 살펴보면 어떻게든 자녀의 문젯거리를 찾아낼 수 있습니다. 남들이 보기에는 평범한 청소년기 자녀의 특징처럼 보인다고 해도요. 자녀의 방에서 찾아낸 정보는 말싸움할 때 자녀를 '벙찌게' 하는 훌륭한 무기가 됩니다. 자녀의 통화를 엿듣거나 일기장을 몰래 보는 것도 관계를 망치기 위한 훌륭한 방법입니다.

농담은 여기까지만 해야겠네요. 자녀와 매일 전쟁을 치르는 상황이라면 혹시 자신이 분노에 중독되어 있지는 않은지 간단한 검사를 해볼 필요가 있습니다. 다음 세 가지 질문에 솔직하게 답해보세요.

1. 자녀에게 주기적으로 화를 내는 편인가요?
2. 평소 화낼거리를 찾아 헤매는 편인가요?
3. 자녀에게 화내는 순간을 즐기고 있나요?

쉽지 않겠지만, 최대한 솔직하게 자신의 마음을 들여다보세요. 질문을 보고 바로 답하지 못하고 주저했다면 자신도 모르는 사이에 분노에 중독되었을 가능성이 있습니다. 자녀와의 관계는 망가지고 있거나, 이미 돌이킬 수 없을 만큼 망가졌을 것입니다. 자신의 행동을 자녀를 바르게 키우기 위한 노력이라고 포장하면서 매일 같이 화를 내고 있을지도 모르지요. 하지만 그 화에 숨겨진 진짜 목적은 자녀에게 '너 딱 걸렸어'라는 말을 쏘아주며 게임을 통해 부정적인 감정을 해소하는 것입니다. 그럴수록 자녀의 인생은 점점 망가집니다.

16장

나를 먼저 아끼고
사랑하는 방법

만약 부모의 감정이 불안정한 상태이고, 자녀와의 관계도 계속 좋지 않다면 관계 개선을 위한 새로운 시도가 필요한 시기입니다. 어떻게 해야 할까요? 먼저 상황을 개선하기 위해 살펴봐야 할 것들이 몇 가지 있습니다.

감정

심리상담가를 찾거나 정신과 치료를 받는 것도 좋은 방법입니다. 이미 많은 사람이 효과를 보고 있습니다. 우울, 불안과 같은 부정적인 감정이 적절한 상담을 통해 눈에 띄게 줄어든다고 증명하는 연구는 많이 있습니다. 어떤 경우에는 약물요법도 효과적입니다. 과거에는 상담을 부정적으로 바라보는 시선도 있었으나, 점점 바뀌고 있습니다. 상담을 이상하게 보지 않고 감기 치료와 비슷하게 보는 사람이 늘어나고 있습니다.

단, 상담자를 선택할 때에는 신중해야 합니다. 상담자와 두 번 이상 상담을 한 뒤에도 마음이 편해지지 않다면 다른 사람을 찾는 것이 좋습니다. 내담자에게는 상담자를 선택할 권리가 있으니까요.

혹시 상담자를 만나는 것이 불편하고, 혼자서 문제를 해결하고 싶은가요? 요즘에는 그런 사람을 위한 책도 많이 나와 있습니다. 이런 책은 스트레스를 관리하고 심리적인 문제를 스스로 어느 정도 해결할 수 있도록 도와줍니다. 전문가나 이런 분야에 관심이 있는 주변 사람들에게 물어보면 좋은 책을 추천받을 수 있을 것입니다.

단, 책을 활용하는 방법에는 시간제한이 있습니다. 혼자서 문제를 해결하기 위해 두 달 이상 노력했는데도 아무런 진전이 없다면 전문가를 찾아서 상담을 받아야 합니다.

결혼/부부관계

본인의 부부관계가 건강하다고 생각하나요? 아니면 다들 비슷한 문제를 안고 산다고 생각하나요? 물론 세상에 배우자와 티끌만큼의 불화조차도 없이 완벽한 관계를 유지하는 사람은 없습니다. 하지만 문제 상황이 수용하기 어려울 정도로 지속적인 스트레스를 준다면 해결을 위해 새로운 시도를 할 필요가 있습니다. 사정에 따라 부부가 함께 지내지 않기도 하지만 자녀에게는 아버지와 어머니의 관계가 큰 영향을 미치므로 별거보다는 주기적으로 배우자와의 관계를 점검하는 편이 좋습니다.

말로만 부부 상담을 받겠다고 하는 것과 실제로 상담을 받는 것은 다릅니다. 예를 들어, 남자들은 보통 상담 받는 상황을 별로 즐기지 않으며 부인의 상담 권유도 반기지 않습니다. 남자와 여자가 결혼에 대해 갖는 기대와 생각도 크게 다릅니다. 여자는 친밀함, 동료애, 솔직한 대화를 중시하며 가족을 중심으로 생각하고 행동합니다. 따라서 이 책을 읽는 당신 또한 여성일 확률이 높습니다. 가족 문제에 대해 먼저 이야기를 꺼내고 부부관계를 상담하러 찾아오는 사람들도 대부분 여성입니다.

함께 상담을 받고자 하는 부부에게 몇 가지 조언을 하겠습니다. 첫째, 상담자를 고를 때 함께 정하세요. 만약 상담을 꺼리는 배우자가 있다면 그 사람이 상담자를 선택하게 하세요. 둘째, 가능한 첫 상담부터 부부가 함께 받으세요. 부부가 처음부터 함께 참여할 때 상담 효과가 높아집니다. 셋째, 꼭 상담하는 순간이 아니더라도 상대방의 말을 존중하고, 상대방의 관점에서 상황을 보려고 노력해보세요. 부부 상담은 혼자 받을 때보다 부부가 함께 참여할 때가 훨씬 효과적입니다.

직장

자녀나 배우자보다 직장에서 받는 스트레스가 훨씬 클 수도 있습니다. 보통 같은 직장에서 같은 일을 오랫동안 했을 때 이런 상황이 발생합니다. 물론 기분이 나쁘다는 이유만으로 직장이나 부서를 옮길 수는 없는 일입니다. 하지만 스트레스가 너무 크다면 다음과 같은 질문에 대해 스스로 진지하게 고민해봐야 합니다.

"온종일 직장에서 불평만 하고 있지는 않나요?"

"직장에서 일이 너무 많은 데 비해 충분한 보상을 받지 못한다고 생각하지는 않나요?"

"직장 상사와의 관계가 불편하지는 않나요?"

"직장 동료와의 관계는 어떤가요? 일요일 밤 잠들기 전이나 출근일 아침 일어날 때의 기분은 어떤가요?"

건강

신체적인 건강상태는 어떤가요? 당연히 젊을 때처럼 팔팔하던 시기는 지났습니다. 체형은 어떤 상태로 유지하고 있나요? 이미 충분히 들었겠지만 한 주에 적어도 3~4일 이상은 정기적으로 운동을 하는 것이 좋습니다. 자주 화가 나고, 불안하고, 스트레스를 받는다면 운동을 더 자주 해야 합니다. 이미 지병이 있거나 여러 가지 이유로 의사를 만나기가 꺼려지시나요? 보통 의사를 만나는 횟수가 적을수록 화를 내는 횟수가 늘어나고, 의사를 자주 만날수록 감정적으로 편안해지는 경우가 많습니다.

부모가 자신의 건강을 잘 관리하는 것이야말로 자녀에게 줄 수 있는 가장 큰 선물입니다. 몸에 쌓인 부정적인 감정과 스트레스를 운동을 통해서 해소하면 자녀들에게 화를 내거나 짜증을 내는 횟수도 줄어듭니다.

※ 기억하세요!

부모님 본인의 건강을 잘 관리하는 것이야말로 자녀에게 줄 수 있는 가장 큰 선물입니다.

배우자와 양육의 책임을 나누세요

자녀보다 자신을 먼저 챙기는 동안에는 아무래도 배우자가 양육의 책임을 더 질 수밖에 없습니다. 자녀에 대한 책임을 전가하는 것 같아서 미안한 마음이 들 수도 있습니다. 내가 나의 행복을 챙기는 동안 배우자는 말썽꾸러기 자녀를 챙겨야 할 수도 있으니까요. 그래도 자신의 행복을 먼저 챙기세요. 심리적으로 불안하고 건강하지 않은 부모는 자녀의 삶에 불필요한 간섭을 일삼으며, 상황을 더 악화시킵니다.

배우자가 자녀를 양육하는 방식이 마음에 들지 않을 수도 있습니다. 배우자가 너무 무신경하고 자녀를 대충 돌보는 것처럼 보이기도 합니다. 안타까운 일이지만 아주 긴급한 상황이 아니라면 잠시 신경을 끄고 자신에게 집중하세요. 세상을 만든 신이 부모를 둘로 만든 이유는 한 명이 자녀를 돌볼 때 다른 한 명이 휴식을 취하게 하기 위해서입니다.

배우자가 없거나 이혼을 한 경우에는 어떻게 해야 할까요? 우선 전 부인 혹은 남편이 양육을 분담할 수 있는지 물어보세요. 전 배우자의 도움을 받을 수 없는 상황이라면 부모와 자녀가 함께 상담사를 찾아서 부모님의 문제에 관해 이야기하고 조언을 구해야 합니다. 전 배우자의 협조를 구하는 건 쉽지 않지요. 과거에 안 좋은 감정을 해소하기 위한 준비가 되어있어야 하고, 양육의 짐을 나누기 위한 진솔한 노력이 필요합니다.

정신적, 신체적 건강을 찾기 위한 노력이 효과를 보기 시작했다면, 그다음으로 자녀에게 제일 먼저 할 일은 무엇일까요? 사실 아무것도 하지 않는 것이 가장 좋습니다. 자녀에게 뭔가 새로운 일을 해주기 전에 과거의 상황을 다시 돌이켜보고 문제를 재발하게 할 만한 요소는 없는지 반성해보세요. 특히 기준이 모호한 문제들에 대해 다시 고민해보세요. 심리적으로 건강한 부모라도 기준이 모호한 문제에 관해서는 기분이 나빠지는 순간이 많습니다. 사실은 별일 아닐 수도 있는데 말이에요!

자녀를 항상 최우선으로 하는 우리 사회 문화에서 부모의 욕구를 충족시켜야 한다는 주장이 너무 뻔뻔해 보이기도 합니다. 이러한 문화가 부모의 죄책감을 만듭니다. 하지만 그보다 더 중요한 것이 있습니다. 삶의 만족도 점수가 1점이나 2점인 상황이라면 도대체 어디에서 삶의 이유와 즐거움을 찾을 수 있을까요? 아마 별로 많지 않을 거예요. 어쩌면 항상 부정적인 감정에 빠져 허우적대고 있을지도 모릅니다. 오늘은 나를 위해 편한 친구를 만나서 맛있는 식사를 하거나, 가벼운 운동을 시작하면 어떨까요? 평소 읽고 싶었던 책을 보는 것도 좋고요.

Part 6

한 발짝 떨어져서
즐겨보세요

부메랑 키드

부메랑 키드란 성인이 된 자녀가 직장을 갖지 못한 채 여기저기 떠돌아다니다가 다시 부모의 집으로 돌아와 얹혀사는 사회적 현상을 말합니다. 혹자는 21세기의 새로운 사회 문제라고 생각할지 모르지만, 사실은 그렇지 않습니다. 그 이전부터 직장을 구하기 어려운 경제 위기 때마다 20대 자녀들은 부모의 집으로 돌아오곤 했습니다. 집으로 돌아오는 자녀들은 고졸, 전문대졸, 4년 대졸 등 학력도 다양하지만 두 가지 공통점이 있습니다. 돈이 없고, 돈을 벌 직장이 없다는 것입니다.

"독립에 필요한 돈을 저축하는 몇 년 동안만 집에서 지낼게요."

언뜻 보면 별로 어렵지도 복잡하지도 않은 합리적인 제안으로 보이지만, 사실은 그렇지 않습니다. 부메랑 키드와 한집에 지내는 것은 부모에게도 힘든 일이고, 자녀에게도 매우 힘든 일입니다. 부모와 자녀가 만날 수 없을 만큼 큰 저택에 사는 아주 특별한 상황을 제외하고는요.

우선 성장한 자녀는 통제보다는 자유에 훨씬 익숙해져 있습니다. 어렸을 때보다 행동반경도 훨씬 크고, 부모의 도움이 없이도 자신의 욕구를 충족시킬 수 있는 다양한 방법을 알고 있습니다. 가족 중에 아직 학교에 다니는 어린 자녀가 있다면 부메랑 키드와 함께 지내기 위해 각자의 공간, 일정, 심지어 식사까지도 협의해야 합니다. 나이가 든 부모는 대부분 밤늦게 집엔 사람이 들락날락하는 것을 반기지 않습니다. 오늘 집에 늦게 들어오면 문 잠가도 되겠니? 내일 아침에 차를 써야 하니 일찍 들어올 수 있겠니? 이런 불편한 말을 하게 되고 맙니다. 독립해서 자유를 만끽하던 자녀가 가족 규칙에 따라 정해진 시간까지 집에 들어오려면 짜증 나고 화나기는 마찬가지입니다.

조금 더 솔직해져 볼까요? 나이가 들어서도 부모와 함께 사는 자녀는 자신의 인생이 실패했다고 느낍니다. 친구들은 도대체 어떻게 직장을 구하고, 결혼하고, 집을 구했는지 궁금해 죽을 지경입니다. 어쩌나 나는 이 지경이 되었을까? 대학교나 직장으로 인해 이미 한 번 독립했던 자녀가 집으로 다시 돌아올 때 느끼는 감정은 더 복잡합니다. 어렸을 때 살던 방으로 다시 돌아가며 마치 자신의 삶도 10년 전으로 후퇴하는 것 같은 우울한 생각이 듭니다.

문제 상황을 미리 예방하는 방법

독립했던 자녀가 집으로 다시 돌아와서 겪게 될 고통과 문제를 예방하기 위한 방법들이 있습니다. 우선 자녀가 다시 집으로 들어오는 것을 가능하면 막아야 합니다. 자녀의 제안에 현혹되지 마세요. 자녀가 집으로 돌아오길 바라는 마음도 절대 품지 마세요.

자녀와 함께 앉아서 부메랑 키드가 되지 않을 방법을 모색해보세요. 월세를 지원하는 방법, 기숙사 입소, 입대 등 가능한 대안을 모두 고려하세요. 문제가 발생하기 전에 미리 대책을 마련하는 것이 최선입니다.

그럼에도 불구하고 자녀가 집으로 돌아오는 것 외에 다른 대안이 없다면 자녀를 집으로 들이기 전에 미리 충분히 협상해야 합니다. 9장에서 자녀와 약속한 규칙을 계약서로 작성하는 것이 좋다고 이야기했습니다. 이제는 새로운 계약서를 작성해야 할 때입니다. 자녀가 집에 들어오기 전에 미리 충분한 대화를 나누며 계약서의 내용을 조율하세요. 계약서에 꼭 포함되어야 할 내용은 다음과 같습니다.

월세: 스무 살이 넘은 자녀가 부모와 함께 살기 위해서는 월세를 내야 합니다. 얼마나 받는 것이 좋을까요? 두 가지를 고려해야 합니다. 첫째, 자녀와 함께 살면 추가 비용이 얼마나 드는가? 둘째, 주변에서 비슷한 규모의 방 월세가 어느 정도인가? 이 두 가지를 고려해서 월세

를 정합니다. 주변 시세보다 조금 적게 받아도 좋습니다. 자녀가 월세를 낼 돈이 없다면 어떻게 해야 할까요? 아르바이트라도 해야 합니다. 월세를 낼 돈이나 의지가 없다면 집으로 들어서는 안 됩니다.

기간: 아무리 길어도 6개월을 넘겨서는 안 됩니다. 왜 그럴까요? 이 계약의 최종 목적은 자녀의 독립이기 때문입니다. 빨리 독립하는 것이 좋습니다. 자녀와 다른 가족 구성원 모두가 이런 관점과 목표를 공유해야 합니다. 만약 그렇지 않으면 금방 한 달이 두 달이 되고, 일 년이 이 년이 됩니다. 그러다 보면 평생 자녀를 양육하며 살아야 할지도 모릅니다.

가족 규칙: 모든 규칙은 자녀가 청소년일 때의 규칙과 같아야 합니다! 하루의 일정, 집안일 분배, 자동차 사용, 복장, 빨래, 텔레비전 시청, 음악 감상, 말소리 크기, 외박 등의 규칙이 모두 포함됩니다. 자녀를 집에 들이기 전까지는 별 것 아닌 것처럼 느껴질 수도 있지만, 함께 살기 시작하면 갈등의 빌미가 될 수 있습니다. 그중에서도 가장 큰 문제는 식사에 관한 일입니다. 누가 요리를 할지, 식기는 누가 준비할지, 돈은 누가 낼지, 설거지는 누가 할지 미리 정하세요. 세부적인 규칙들을 정하기 위해서는 거의 외교관 수준의 협상 능력이 필요할지도 모릅니다.

규칙을 정하는 동안에는 부모님의 권리와 자유만큼이나 자녀의 권리와 자유를 인정해줘야 합니다. 예를 들어, 25세 자녀가 새벽 한 시에 큰 잡음 없이 부모님의 잠을 깨우지 않고 조용히 귀가했다면 문제 삼지 말아야 합니다. 외박 문제에 대해서도 어느 정도는 관용이 필요합니다.

단, 부모 자신의 자유와 권리를 항상 최우선으로 하세요. 자녀를 더는 어린아이를 돌보듯 대할 필요가 없습니다. 자녀의 밥을 차려줄 필요도 없고, 외출할 때마다 데리고 나가야 하는 것도 아닙니다. 자녀에게 도움이 필요하지도 않은데 공감적인 경청을 하며 대화를 해줄 필요도 없습니다. 이제 나이를 제법 먹은 자녀 또한 청소년기와 비교해보면 한층 성숙하고 온화한 태도를 보일 것입니다. 그리고 과거에 그랬던 것처럼 굳이 노력해서 대화하지 않아도 괜찮습니다. 물론, 자녀가 아무리 성숙했더라도 여전히 "오늘 별일 없었니?"와 같이 무의미한 질문은 피해야 합니다.

모든 사람이 그렇듯 당신의 자녀도 결국 다시 독립하게 됩니다. 경제적, 감정적으로 독립한 성인이 되고, 부모님의 연금에 손을 대는 일도 없겠지요. 자녀가 다시 독립하기 전까지는 자녀의 의견을 신중하게 듣고 규칙을 조정하면서 시간을 즐겁게 보내면 됩니다. 쉽지는 않겠지만 한 발자국 떨어져서 영화를 보는 기분으로 성인이 된 자녀의 삶을 즐기고 응원해줍시다.

청소년과 부모,
모두가 행복한 세상을 꿈꾸며

스무 살에 하든, 스물다섯 살에 하든 자녀의 독립은 긴장되고 흥분되는 일입니다. 지금까지와는 다른 새로운 미래가 바로 눈앞에 있는 것입니다. 그러나 자녀가 성공적으로 독립했다고 해서 부모의 역할이 완전히 끝나는 것은 아닙니다. 부모의 역할은 평생 계속됩니다. 다만 그 역할은 자녀가 좋은 친구를 사귀고, 경제적으로 자립하고, 운명의 배우자를 찾아 인생을 즐기는 모습을 조금 먼 곳에서 바라보며 응원해주는 것뿐입니다. 자녀가 성공하면 부모의 마음도 기쁘고, 자녀가 실패하면 부모의 속도 상합니다.

현실의 문제를 먼저 돌봐야 해요

일단 현재의 자녀 문제를 잘 해결하는 것에 집중합시다. 자녀 양육 문제는 단순한 가정 내부의 문제가 아니라 사회 전체의 문제라고 할 수 있습니다. 수많은 청소년이 부모와의 갈등으로 괴로워하고 있습니다. 수많은 소녀가 원치 않는 임신으로 눈물을 흘리고 있습니다. 단 하루 사이에 20여 명의 청소년이 교통사고로 목숨을 잃습니다. 이런 문제를 해결하기 위해 우리는 어떤 일을 할 수 있을까요?

이 책에서 제시한 방법이 책을 읽는 독자의 가정을 넘어 사회 전체에 기여할 수 있기를 바랍니다. 이 책에서 소개한 방법들을 잘 적용하면 세 가지 효과를 얻을 수 있습니다.

첫째, 자녀의 문제와 쌀쌀맞은 태도를 마주하더라도 심리적 안정을 유지할 수 있게 해줍니다. 둘째, 가족 문제를 현저히 감소시켜 줍니다. 셋째, 자녀를 포함한 가족 전체를 위험으로부터 보호해줍니다. 이 책에서 소개한 방법으로 이 세 가지 목표를 모두 달성할 수 있습니다. 부모와 자녀의 거리가 멀어지고 적대심이 쌓일수록 자녀가 교통사고, 약물, 성, 첨단기기 등의 문제에 노출될 가능성이 커집니다. 반대로 부모와 자녀 사이에 신뢰가 쌓이면 가족을 둘러싼 공동체 전체에 긍정적인 영향을 미칩니다. 무고한 주변 사람들이 받는 피해도 당연히 줄어듭니다. 무엇보다 가족 관계를 더 돈독하고 따뜻하게 만들어줍니다. 이 점을 꼭 기억하세요.

이제는 배운 내용을 실전에 적용할 때입니다. 1-2-3매직은 자녀의 문제를 해결할 실천적이고 효과적인 방법을 제시하고 있습니다. 자녀가 변할 때까지 하염없이 기다릴 필요 없이, 부모와 자녀 모두가 빠르게 건전한 관계를 되찾을 수 있습니다. 부모가 가장 먼저 해야 할 일은 자녀 편에서 생각하면서 청소년기 자녀에 대한 관점을 바꾸고, 자신이 어렸을 때의 모습을 돌이켜보는 것입니다. 그러면 부모님으로부터 독립하고 스스로 삶을 책임지고 싶다는 자녀의 강렬한 욕구를 이해할 수 있게 됩니다. 아주 값진 깨달음이 아닐 수 없습니다.

'내가 너를 어떻게 키웠는데?'라는 생각은 어서 버리고 새로운 생각을 받아들이세요.

'나한테 차갑게 군다고 해서 큰 문제가 있는 것은 아니야. 사춘기 아이들에게는 이게 정상이야.'

관계를 망치는 왜곡된 생각을 벗어나 이런 현실적인 생각을 할 수 있게 됩니다. 물론 마음도 더 편안해지고요.

기준을 어떻게 잡느냐에 따라 다르겠지만 미국에는 2,500만 명(한국에는 300만 명)이 넘는 청소년이 있습니다. 사람이 많으니 여러 문제와 사건이 발생할 수밖에 없습니다. 우리가 할 일은 청소년들이 초등학생이나 성인의 모습이 아닌 청소년다운 삶을 살 수 있도록 도와주는 것입니다. 장기적인 관점에서 보아도 자녀와 가능한 좋은 관계를 계속 유지하는 것이 좋습니다. 부모와 자녀는 지금부터 30~40년이 지난 뒤에도 함께할 테니까요. 어차피 오랫동안 봐야 하는 사이라면 굳이 관계를 망칠 필요는 없겠지요?

미운 짓만 골라서 하는 청소년기 자녀와 좋은 관계를 유지해야 할 중요한 이유가 한 가지 더 있습니다. 10년 정도 시간이 흐르면 자녀는 결혼하고 손자를 낳게 됩니다. 보통 할머니들은 손주가 엄마의 뱃속에 있을 때부터 이미 사랑에 빠집니다. 그리고 할아버지들은 할머니를 따라 손주를 보러왔다가 사랑에 빠지지요. 한 가지 예언을 하자면, 손주의 얼굴을 한 번 보고 난 뒤에는 보고 있어도 계속 보고 싶게 될 것입니다. 자녀와의 관계가 원만하지 못해 손주를 자주 보지 못하는 것만큼 가슴 아픈 일이 없습니다. 이 문제로 힘들어하는 할머니, 할아버지를 수도 없이 많이 만났습니다.

자녀에게 쏟아부은 노력과 사랑은 먼 훗날에 반드시 보상받게 되어 있습니다. 그러니 조금 힘들더라도 꾹 참고 최선을 다하세요. 자녀의 쌀쌀맞은 태도를 너무 심각하게 받아들이지 말고 가족 규칙을 유지하면서 자녀와 자주 즐거운 시간을 보내세요. 물론 그전에 부모님 본인의 상태부터 최상으로 유지해야 합니다. 세상의 모든 부모가 이 책에 담긴 내용만큼만 실천해도 수많은 청소년이 위험에서 벗어나고, 사회는 건강해질 것입니다. 우리는 이제 청소년기 자녀와의 시간을 한 편의 영화를 보듯 즐길 준비가 되었습니다. 엔딩 크레딧이 올라갈 때쯤 되면 생각보다 시간이 빨리 흘렀다고 생각하게 될 거예요.

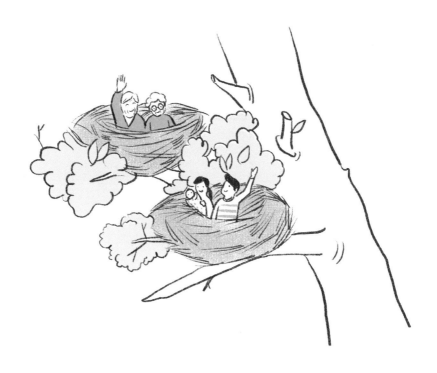

부록

이외의 문제들 다루기

부록: 이외의 문제들 다루기

부록에서는 본문에서 다루지 않았지만 부모와 청소년기 자녀 사이에 자주 발생하는 문제에 대해 다뤄보겠습니다. 여기에서 소개하는 내용은 정답이 아니라 어디까지나 하나의 제안으로 받아들여 주기 바랍니다. 자녀와 문제가 생겼을 때 이 내용을 참고해서 대화를 나눠보세요.

외모

기준이 모호한 문제의 전형입니다. 청소년이 옷을 고르는 중요한 기준 중 하나는 이상한 모습으로 부모님에게 충격을 주는 것입니다. 청소년기는 아주 깁니다. 너무 스트레스를 받지 말고, 자녀의 독특한 패션 감각을 함께 즐기세요. 꼭 기준을 정해야 한다면 학교에서 허용하는 범위 안에서 자유롭게 옷을 선택할 수 있게 하면 됩니다.

취침시간

청소년에게 수면은 건강과 직결된다는 점에서 중요합니다. 중학생 정도의 자녀와 취침시간에 관한 문제를 해결하기 위해 시도할 수 있는 첫 번째 방법은 바로 짧은 부탁입니다. 그래도 문제 해결이 안 되면 대화를 통해 방법을 찾아야 합니다. 이후에도 너무 늦게 잠자리에 들거나, 다른 가족의 취침을 방해하는 문제가 계속되면 가족 규칙을 통해 책임지게 만듭니다. 상황에 따라서는 벌칙을 받아야 할 수도 있습니다. 불규칙한 수면은 약물 남용, 우울증, 휴대전화 중독 등의 문제와도 연관될 수 있습니다. 이런 경우 부모의 노력만으로는 한계가 있으므로 전문가와 만나 상담해야 합니다. 자녀가 고등학생 이상이면 불규칙한 수면으로 가족들에게 심각한 피해를 주거나, 일상에 큰 지장을 주는 정도가 아니라면 어느 정도는 내버려둬도 괜찮습니다.

친구들끼리 뭉쳐서 동네를 배회할 때

부모의 교육관에 따라 의견이 많이 갈리는 문제입니다. 1-2-3매직에서는 아이들에게 좀 더 자율권을 줘도 좋다고 봅니다. 중학생 아들이 방과 후나 저녁 무렵에 놀이터나 동네 마트를 휘젓고 다니는 모습을 발견했을 때에는 어떻게 해야 할까요? 어디에서 뭘 하고 놀지, 몇 시까지 집에 들어올지 물어보는 정도면 충분합니다. 그래도 걱정이 된다면 장소를 옮길 때마다 부모에게 전화하도록 규칙을 정하세요. 요즘 아이들은 휴대전화 하나씩은 가지고 있으니 연락하기가 어려운 일도 아닙니다.

자녀가 고등학생 정도 되면 부모에게 목적지를 알리는 정도로 충분합니다. 시내에 가거나 특별히 새로운 장소에 가는 상황이 아니라면 굳이 부모님에게 전화까지 하라고 할 필요는 없습니다. 단, 약속한 시간은 꼭 지켜야 합니다.

"어디 가니? 누구랑? 뭐 하려고? 누가 그러자고 했어? 문제 생기면 어떻게 할래? 돈은 얼마나 쓰려고? 더 따뜻한 옷은 없니? 그러다가 감기 걸리면 어떡하려고 그래?"

부모가 질문하면 할수록 아이들의 기분은 나빠집니다. 자녀의 외출이 걱정된다고 해서 달달 볶는 일은 절대 하지 마세요. 아이가 화가 난 상태로 외출하면 아이를 포함한 우리 가족 전체, 나아가 이웃 모두에게 위험한 일이 벌어질 수 있습니다.

자녀가 밖에서 이미 사고를 쳤을 때는 어떻게 해야 할까요? 가족 규칙에 따라 정해진 날 동안 외출 금지 등의 책임을 지게 하면 됩니다. 책임을 모두 지면 다시 자유를 보장해줍니다. 그 후에 또 문제를 일으키면 재발한 문제에 대해 더 큰 책임을 지게 해야 합니다. 그게 끝나면 다시 자유를 보장해주면 됩니다. 이런 일이 반복되다 보면 부모는 자녀에게 잔소리하지 않고는 참을 수 없게 될지도 모릅니다. 화가 난 부모님은 문제가 재발하게 두지 않으려고 질문하고 훈계하겠지만, 그럴수록 아이의 기분은 더욱 나빠집니다. 잔소리 때문에 기분이 나빠진 자녀가 밖에 나가면 문제가 생길 가능성이 더 커집니다.

운전

자녀의 자동차 이용에 관한 규칙은 각 가정의 사정에 따라 다릅니다. 자녀가 성실한 학생이라면 자동차 사용에 대해 굳이 제약을 둘 필요가 없습니다. 물론, 사용한 만큼의 기름값은 자신의 용돈으로 내야 하지요. 자녀가 성실한 편이라면 보험료를 자녀가 내고, 성적을 유지한다는 조건으로 형편에 맞는 자동차를 사주는 것도 괜찮습니다.

어떤 가정에서는 자동차 사용을 허락하는 대신 성적이 떨어지면 벌금을 내게 하기도 합니다. 자녀가 성적을 유지할 수 있을 정도로 우수하다면 이런 규칙의 적용도 고려해볼 만합니다. 성적과 운전에 관한 규칙을 만들 때는 아주 명확하고 자세하게 만들어야 합니다. 예를 들어 평균 60점 정도의 점수를 유지하고, 모든 과목에서 간신히 과락을 면하는 정도의 자녀가 있다고 생각해봅시다. 이 아이는 기존의 성적을 유지해야 자동차를 사용할 수 있다고 허락을 받았습니다. 성적이 떨어지면 다시 성적을 올릴 때까지 자동차를 운전할 수 없게 하기로 정했습니다. 자동차를 금지당하는 성적 기준과 기간을 명확하게 정한 것입니다. 자녀가 학교에서 계속 문제를 일으키거나 성적이 너무 저조하다면, 아주 특별한 상황을 제외하고 자동차 사용을 하지 못하게 합시다. 자녀가 운전하지 않으면 음주운전이나 귀가 시간에 대한 걱정도 사라진다는 이점이 있습니다.

집안일

집안일을 나눠서 하려면 가족회의를 열고 충분한 대화를 할 수 있어야 합니다. 서로 협의가 안 된 상태로 자녀에게 집안일을 시키면 갈등이 발생할 수 있습니다. 가족회의에는 가족 모두가 참석해야 하며, 대화를 통해 집안일을 분배합니다. 자녀가 집안일을 하는 정도에 따라서 용돈을 정하는 것도 좋은 방법입니다. 회의에서 결정된 일 이외의 집안일을 즉흥적으로 시키면 절대 안 됩니다.

"뭐 대단한 일을 시켰다고 그러니. 그거 한 번 해주는 게 그렇게 어려워?"

많은 부모가 이렇게 말하곤 합니다. 그러나 갑작스럽게 시키는 일을 반기는 사람은 세상에 아무도 없습니다.

"우리 아들은 할 일을 제 때에 한 적이 한 번도 없는데요!"라며 많은 부모들이 비슷한 불만을 토로합니다. 아이들은 원래 규칙을 잘 잊어버리고, 어른들의 권위에 도전하기를 좋아합니다. 이 문제를 효과적으로 해결하는 방법으로 규칙에 용돈을 포함하는 것이 있습니다. 예를 들어, 14살 아들 마이크가 매일 저녁 집에서 키우는 강아지에게 밥을 주기로 되어있다고 해봅시다. 마이크도 규칙에 동의했고, 원래 일주일에 받는 용돈은 만 원입니다. 늦어도 오후 6시까지는 강아지에게 밥을 주기로 가족회의에서 결정했습니다. 약속대로 강아지에게 밥을 주었다면 문제가 없습니다. 만약 마이크가 밥을 주지 않았다면 부모님이 강아지에게 밥을 주고, 대신 용돈을 500원 깎습니다. 오후 6시 5분에 부모님보다 먼저 마이크가 밥을 주었다면, 이 정도는 용돈을 깎지 않아도 괜찮습니다. 절대 잔소리하거나 밥을 주라고 말할 필요가 없습니다! 비슷한 방법을 빨래, 설거지, 청소, 쓰레기 버리기 등에도 적용할 수 있습니다. 그렇다고 해서 숙제를 안 했다고 용돈을 깎지는 마세요. 그건 너무 과하니까요.

귀가 시간

자녀가 어리든, 아니면 어느 정도 나이를 먹었든, 함께 사는 이상 귀가 시간은 꼭 지켜야 합니다. 자녀가 맡은 일을 충실히 하고 성실한 경우라면 어느 정도 융통성을 발휘할 수는 있으나 자녀가 문제를 자주 일으키는 편이라면 적어도 중학교를 졸업할 때까지는 특별한 사정 없이는 해진 뒤 외출을 금하는 것이 좋습니다. 아주 성실하고 규칙도 잘 지킨다면 어느 정도까지는 외출을 허용해줄 수도 있습니다. 단, 앞에서 다룬 '친구들끼리 뭉쳐서 동네를 배회할 때'에서 다룬 규칙은 지켜야 합니다.

귀가 시간을 정해야 한다면 어느 정도가 적당할까요? 미국의 경우 대다수 주에서 11시 이후 청소년이 혼자서 돌아다니는 것은 불법입니다. (우리나라의 경우 PC방, 노래방 등에 청소년이 출입할 수 있는 시간은 오후 10시까지 입니다.) 따라서 가정에서도 귀가 시간을 비슷하게 설정하는 것이 합리적입니다. 규칙을 따로 만드는 것도 번거로우니까요.

귀가 시간을 어기면 어떻게 해야 할까요? 처음 규칙을 어겼을 때는 부드러운 말투로 가볍게 한마디 하는 정도면 충분합니다. 하지만 문제가 계속되면 다음과 같은 방법을 적용해보세요. 간단하고, 적용하기도 쉽습니다.

1. 15분 정도는 유예 시간을 둔다.
2. 정해진 귀가 시간보다 15분 이상 늦으면 늦은 만큼 다음 외출 때 귀가 시간을 앞당긴다. 만약 오늘 귀가 시간보다 25분 늦게 들어왔다면 다음 외출 때에는 귀가 시간을 25분 앞당긴다.
3. 45분 이상 늦었을 때부터는 앞당기는 시간이 2배로 늘어난다. 귀가 시간보다 1시간 늦게 들어왔다면 다음 외출 때에는 2시간 일찍 들어와야 한다.
4. 3시간 이상 늦었다면 문제가 심각하므로, 가족 규칙에 따라 벌칙을 정하거나 일주일 동안 방과 후 외출을 금한다.

"뭐 하느라고 늦었니?" "귀가 시간 지키기가 그렇게 어렵니?" 이런 말로 자녀에게 스트레스를 주지 마세요. 자녀가 부모님과 대화를 꺼리게 되고 거짓말을 하게 만들 뿐입니다. 상황이 나빠지면 밤늦게까지 말다툼을 해야 할 수도 있고요. 밤에는 아무 말도 하지 말고, 다음 날 아침 얼굴을 보고 자녀가 져야 할 책임에 대해 딱 한 번만 분명하게 말해주면 충분합니다.

가족 외출

청소년기 자녀들은 가족과 함께 외출하기를 꺼립니다. 이건 아주 정상적인 모습입니다. 아이가 중학생 정도라면 함께 외출하자고 조금 설득하는 것도 괜찮습니다. 아이만 남겨두기는 아무래도 걱정되니까요. 꼭 함께 나가야 하는 상황이라면 약간의 벌칙을 주는 것도 고려해볼 수 있습니다. 그렇다고 해서 억지로 끌고 나가지는 마세요. 밖에 있는 내내 우울한 표정을 짓는 자녀를 데리고 다녀야 할 테니까요. 큰 문제가 없다면 굳이 아이를 데리고 나가지 않아도 괜찮습니다. 아이는 아이대로 두고 다른 가족과 함께하는 시간을 즐기세요.

자녀가 고등학생 정도 되면 완전히 자율권을 줘도 괜찮습니다. 10대 후반의 아이는 집에 혼자 두어도 크게 걱정할 필요가 없으니까요. 부모가 외출해 있는 동안 문제가 발생하면 가족 규칙에 따라 책임을 물으면 됩니다.

친구 관계와 연애

아주 위험한 상황이 아니라면 자녀의 친구 문제에는 개입하지 않는 것이 최선입니다. 자녀의 친구 중에 부모님의 마음에 안 드는 친구가 있으면 자녀에게 조언하거나 대화를 시도할 수는 있습니다. 하지만 부모님이 아무리 많은 말을 하더라도 자녀가 밖에서 만나는 친구 모두를 통제할 수는 없습니다. 특히 부모님과 자녀 관계가 좋지 않은 상황에서는 부모님이 특정 친구를 멀리하라고 말하면 말할수록 그 친구와 오히려 가까워지는 경우가 많습니다. 차라리 걱정되는 친구를 집으로 초대해서 함께 노는 모습을 지켜보고, 대화를 통해 정보를 수집하는 편이 낫습니다. 대부분의 아이들은 실제로 만나 이야기를 나눠보면 생각보다 그리 위험하거나 나쁘지 않습니다.

많은 가정에서는 고등학생이 되기 전까지 연애를 금하고 있습니다. 허락하더라도 단둘이 있는 것은 안 됩니다. 데이트할 때는 부모님이 운전사가 되어 함께 나가거나 다른 친구들과 함께해야 합니다. 단둘이 만났다면 가족 규칙에 따라 책임을 집니다. 데이트할 때는 함께 만나는 친구들, 놀러 갈 장소에 대해 미리 말해야 합니다.

성적과 과제

평소 성실한 자녀의 성적이 떨어졌을 때 부모가 해줄 수 있는 일은 이야기를 들어주고 혹시 필요한 것이 있는지 알아보는 것입니다. 성적이 오르면 용돈을 주는 등 성적과 보상을 연결하는 것도 좋습니다. 그러나 성적과 가족 규칙을 연결하는 것은 별로 좋지 않습니다. 가족 규칙은 대부분 처벌과 연결되는 경우가 많으니까요. "성적이 다시 평소처럼 돌아올 때까지 외출 금지야!" 같은 식으로요.

꼭 이런 방법을 쓰고 싶다면 기준을 구체적이고 명확하게 제시해야 합니다. 예를 들어 단순히 성적이 올라야 한다고 하기보다는 '평균 80점 이상, 모든 과목 60점 이상이 나오면 좋다'는 식으로 정하는 게 낫습니다. 주기적으로 긍정적 강화도 자주 해주어야만 효과적으로 자녀에게 동기를 부여할 수 있습니다. 자녀와의 관계가 별로 좋지 않고 자녀 때문에 많이 지치고 화난 상태라면 이런 약속을 실천하기란 쉽지 않습니다. 그러나 효과를 보려면 노력이 필요합니다.

자녀와 집중해서 공부할 시간을 약속하는 것도 좋습니다. 공부하는 시간 동안은 휴대전화를 포함해 공부에 방해가 되는 일은 하면 안 됩니다. 자녀의 성향에 따라 공부에 도움이 되는 음악을 틀어주는 것도 좋습니다. 음악을 들으면서 공부할 때 성적이 향상되는 아이들도 많습니다. 단, 텔레비전이나 영상은 도움이 되지 않습니다. 자녀가 공부하는 과정을 일일이 감시하는 것도 좋지 않습니다. 그리고 완벽을 추구하기보다는 자녀가 노력하는 과정 자체를 충분히 격려해주고 칭찬해주어야 합니다. 이러한 노력에도 불구하고 자녀의 성적이 기대만큼 오르지 않는다면 전문적인 심리검사를 받아보세요. 자녀의 성적이 오르지 않는 이유가 학습 장애나 주의력결핍장애 등일 수도 있습니다. 만약 자녀가 전문적인 치료를 받아야 하는 경우라면 성적에 대한 욕심을 내려놓는 것이 서로를 위해 좋습니다. 치료를 받아서 성적이 극적으로 향상되기에는 아이가 너무 많이 자랐으니까요.

식사

보통 가정에서는 저녁에 꼭 함께 식사하려고 합니다. 그러나 자녀의 나이가 많을수록 같이 저녁을 먹자고 강요하는 것은 부적절합니다. 한 주에 네 번 정도 함께하는 정도면 적당합니다. 횟수가 네 번 이하라고 해서 벌칙을 주는 것은 좋지 않습니다. 자녀가 식사 시간에 나타나지 않더라도 부모는 12장에서 이야기한 관찰자 역할에 머무는 것이 좋습니다. 아무리 맛있는 음식을 준비했더라도 억지로 식탁으로 데려오는 것은 안 됩니다.

아이들이 반찬 투정을 하더라도 특별히 다른 음식을 준비할 필요는 없습니다. 메뉴와 상관없이 개인 접시에 담긴 음식의 4분의 3 이상은 먹도록 합니다. 자녀가 특별히 먹고 싶은 음식이 있다고 이야기할 때에 대답은 '좋아'와 '안 돼' 둘 중 하나뿐입니다. 안 된다고 하는데도 꼭 먹고 싶어 한다면 자녀가 직접 재료를 구하고 요리를 하게 합니다. 물론 재료 구입에 들어가는 비용도 자녀가 해결해야 합니다. 원하는 음식을 해 먹고 나서 설거지를 자녀가 할 확률은 얼마나 될까요? 거의 제로입니다. 이 문제를 해결하는 가장 좋은 방법은 용돈입니다. 설거지하면 집안일을 했을 때와 마찬가지로 용돈을 주는 방법이 가장 효과적입니다. 절대 잔소리는 하지 마세요.

잔소리로는 자녀의 식사 습관을 절대 고칠 수 없습니다. 가능한 한 친절하게 부탁하세요. 그래도 자녀가 협조하지 않는다면 아예 식사를 따로 하는 것도 방법입니다. 아이는 아직 어리고, 식사예절이 인류의 흥망성쇠를 결정할 만큼 중요한 문제는 아니니까요. 억지로 식사예절을 가르치려고 할수록 오히려 자녀와의 관계가 망가질 수 있습니다.

방 청소

방 안이 지저분해 보이나요? 눈을 감고, 문을 닫으세요. 인류가 집에서 생활하게 된 이래, 모든 자녀와 부모가 이 문제로 끊임없이 갈등해 왔습니다. 실은 그렇게 중요한 문제도 아닌데 말이에요. 자녀의 방은 부모가 들어가서는 안 되는 자녀만의 영역입니다. 자녀의 방 청소 상태와 미래의 성공 여부 사이의 연결 고리에 대한 과학적 근거는 어디에도 없습니다.

그래도 빨래와 설거지는 꼭 필요한 문제입니다. 일주일에 한 번, 매주 토요일 아침 정도로 시간을 정해두고 정해진 장소에 빨랫거리를 내놓도록 규칙을 만드세요. 시간을 지키지 않으면 자녀가 직접 빨래를 하게 합니다. 부모님도 빨래 이외에 해야 할 일이 많으니까요. 자녀의 방에서 오랫동안 방치된 더러운 접시를 발견했다면 잔소리 대신 부모님이 설거지를 해주세요. 대신 용돈을 500원 정도 깎고, 이 일은 잊어버리세요. 그러면 마음의 평화를 유지할 수 있습니다.

용돈

용돈을 잘 활용하면 두 가지 이점이 있습니다. 첫째, 자녀가 집안일이나 심부름을 했을 때 감사의 의미로 사용할 수 있습니다. 둘째, 자녀가 문제행동을 했을 때 불필요한 잔소리나 말싸움을 하지 않으면서도 책임을 물을 수 있게 됩니다. 문제행동을 한 만큼 용돈을 줄이면 되니까요.

자녀가 직접 돈을 벌 수 있을 때까지는 용돈을 주되, 가능하면 최대한 빨리 스스로 경제 활동을 할 수 있도록 격려하세요. 필요하다면 용돈을 그냥 주는 대신 집안일을 아르바이트 삼아 시키는 것도 좋습니다. 경제 활동을 통해 자녀는 독립심과 자존감을 키울 수 있습니다. 다만 청소년의 아르바이트는 법적으로 유의해야 할 부분이 많습니다. 아르바이트를 시작하기 전에 관련 법령을 함께 찾아보며 이야기 나눠보세요. (우리나라에서는 하루 7시간, 주당 40시간 이상 근무할 수 없으며, 업종에도 제한이 있습니다.)

자녀가 용돈을 어떻게 사용하는지는 관여하지 않는 것이 좋습니다.

아이들은 다양한 시도와 실패를 통해 절약과 즉흥적인 소비 중 무엇이 더 효율적인지 배우게 됩니다. 자녀가 대학에 가려고 준비 중이라면 학비에 보탤 수 있도록 자녀 용돈 중 절반은 꼭 저금하도록 이야기하는 정도는 괜찮습니다.

　자녀의 용돈 사용에 대해 간섭하지 않는 대신 돈을 빌려주지는 말아야 합니다. 어쩔 수 없이 돈을 빌려줄 수밖에 없는 경우라 하더라도, 빌려 간 돈을 조건 없이 탕감해 주면 안 됩니다. 경제적으로 자녀를 돕는 것이 문제가 아닙니다. 빌려준 돈을 갚지 않는 상황이 반복되면 자녀의 무책임함에 거름을 주는 꼴이 됩니다. 만약 꼭 빌려줘야 하는 상황이라면 절대로 큰돈을 빌려주지 말고, 상환 계획도 꼼꼼하게 점검하세요. 자녀에게 정해진 용돈 이외의 돈을 줄 때는 갚을 필요가 없는 돈인지 갚아야 할 돈인지를 명확히 하고, 빌려 간 돈을 다 갚을 때까지는 추가로 빌려줘선 안 됩니다. 약속한 기한 내에 돈을 갚지 않으면 앞으로의 용돈에서 삭감합니다.

음악

　자녀가 듣는 음악의 수준이나 종류에 대해 간섭한다고 해서 달라지는 건 아무것도 없습니다. 스피커 음량 정도는 줄여달라고 할 수 있겠네요. 자녀와 음악을 듣는 취향이 비슷할 만큼 마음이 젊은 부모라면 아무리 소리가 커도 문제가 없겠지만요. 자녀가 듣는 음악에 대한 조언은 지겨운 잔소리이기 십상입니다.

　"그 해괴망측한 소리 좀 줄여, 제발!"

　소음공해로 고통받고 싶지 않을 때의 현실적인 대안은 자녀에게 헤드셋을 사용하도록 부탁하는 것입니다. 필요하다면 비용의 절반 정도는 지원해줘도 괜찮습니다. 그리고 집에서 자녀가 혼자 있을 때를 제외하고는 꼭 헤드셋을 사용하기로 약속하세요. 약속을 어기면 용돈을 깎으면 됩니다. 용돈으로도 문제가 해결이 안 되면 새로운 규칙을 적용합니다. 하루에 세 번 이상 시끄러운 음악 문제로 주의를 받으면 그날은 음악을 더 이상 들을 수 없게 하는 등의 방법이 있죠. 그래도 계속해서 약속을 어긴다면 스피커를 포함해 음악을 들을 수 있는 기기를 모두 치워버리세요.

삐딱한 태도

아무 일도 없는데 삐딱하게 구는 아이들도 있습니다. 세상 모든 고민을 어깨에 짊어진 듯 표정이 어두워 보입니다. 저는 대개의 사람이 선하고 따뜻한 본성을 갖고 태어난다고 믿습니다. 그런데 아침 시간에는 모든 인간으로부터 이 선하고 따뜻한 본성이 싹 사라져 버립니다. 세상에서 가장 사람을 기분 나쁘게 하는 방법으로 저녁형 인간에게 아침 일찍 일어나라고 채근하는 것을 들 수 있습니다. 그리고 세상에는 저녁형 인간이 아침형 인간과는 비교할 수 없이 많습니다.

"오늘도 너무 행복한 하루가 될 것 같구나!"라고 말하며 새벽 5시 30분에 웃는 얼굴로 자녀를 억지로 깨워보세요. 이전에 본 적 없는 자녀의 무서운 얼굴을 볼 수 있을 것입니다. 굳이 자녀의 표정을 어둡게 만들지 말고, 가능하다면 조금이라도 더 자도록 내버려두세요.

갑자기 자녀의 태도가 전에 없이 삐딱하게 변했다면 공감적 경청을 할 필요가 있습니다. 자녀에게 고민이 있지는 않은지 물어보고 이야기를 들어주세요. 자녀의 어둡고 삐딱한 태도가 심각하고 오래 계속된다면 전문적인 상담을 받아야 합니다. 계속되는 삐딱한 태도는 청소년 우울증의 전형적인 증세 중 하나입니다. 단, 자녀의 문제를 캐내기 위해 수사관같이 굴어서는 안 됩니다. 자녀가 삐딱하고 우울해 보인다고 해서 뻔한 질문을 계속하면 안 됩니다. 대화의 결말은 이미 결정된 것이나 마찬가지이니까요. "도대체 뭐가 문제니?"라고 묻고, "아니에요"라고 대답하겠죠.

차라리 다음과 같이 짧게 말하고, 부모님은 하던 일을 계속하는 편이 낫습니다.

"힘든 일이 있지는 않은가 걱정되는구나. 혹시 하고 싶은 말이 있으면 언제든 이야기해주렴."

친구 초대

부모가 함께 있는데 친구를 초대했다면 특별히 걱정할 필요가 없습니다. 문제는 부모가 집에 없는 상황입니다. 그런 상황에서 자녀가 친구를 초대하고 싶어 한다면 평소 아무리 성실하고 부모와 잘 지내는 아이라고 해도 최소한의 인원만 허용해야 합니다. 함께 노는 동안 지켜야 할 규칙을 명확히 하고, 부모는 문제가 발생했을 때 바로 달려올 수 있을 정도의 거리에 항상 머물러야 합니다. 혹시나 사고가 났을 경우 경찰서나 소방서에 연락하는 등의 대처 방법은 미리 자세히 알려줍니다.

부모와의 약속을 지킬 수 없다면 친구를 집으로 초대할 수 없습니다. 우선 모임 중에 술은 절대 안 됩니다. 혹시 술이 발견되면 그 순간 모두 귀가시킵니다. 자녀가 처음 약속과 달리 너무 많은 친구를 불러서 통제가 안 될 정도로 문제를 일으킨다면 차라리 경찰을 부르세요. 자녀가 계속해서 문제를 일으키면 더 이상 친구를 초대할 수 없습니다. 자녀에게 왜 친구를 초대할 수 없는지에 대해 딱 한 번만 설명하세요. 그리고 이어질 자녀의 투덜거림과 불만을 버틸 마음의 준비를 하세요.

반대로 친구의 초대를 받았는데, 친구네 부모님이 함께하는 자리라면 나이와 상관없이 자녀를 보내도 괜찮습니다. 물론 실제로 부모님이 함께하는지 직접 확인해야 합니다. 그러면 자녀는 다음과 같은 말로 부모를 설득하려고 들 것입니다.

"친구들은 다 간단 말이에요. 나만 안 가면 이상하잖아요."

아무리 그래도 어른 없이 아이들만 있는 집에는 보낼 수 없습니다. 화를 내면서 징징대고 고집을 부리는 자녀에게 대응하기 위해 미리 충분한 이미지 트레이닝을 하세요. 부모는 안 된다고 말하고, 아이는 나를 믿지 못하는 거냐며 비아냥거릴 겁니다. 그럼 아주 정중하고 친절하게 대답하세요.

"그래, 미안하지만 믿지 않는단다."

욕설

우선 부모님 자신이 욕을 안 하는 것이 제일 중요합니다. 부모님이 욕을 하는데 자녀가 욕을 멈추게 할 수는 없습니다. 욕을 했을 때 벌금을 내는 가족 규칙을 만드세요. 부모를 포함한 가족 구성원 중 누구라도 욕을 하면 벌금통에 500원에서 1,000원 정도 벌금을 넣도록 합니다. 돈이 어느 정도 모이면 자선 단체에 기부합니다. 집안에서 욕이 사라지게 만드는 현실적이고 효과적인 방법입니다. 아이들은 부모님이 욕을 해서 벌금을 내는 순간에 카타르시스를 느낍니다. 그리고 벌금을 내는 부모님을 보면서 욕을 하지 말아야겠다고 다짐합니다.

부모님의 물건 사용

아이가 10대가 되면 옷에서부터 화장품, 향수, 세면도구 같은 부모님의 물건을 빌려달라고 요구하기 시작합니다. 안경, 팔찌, 운동화, 음료수, 볼펜까지도 빌려 가지요. 자녀가 물건을 주의해서 사용하고 원래 자리에 잘 돌려놓기만 한다면 크게 스트레스받을 필요는 없습니다. 사실 자녀의 이런 요청은 부모에게는 칭찬입니다. 아이가 당신의 패션 감각을 인정하고 있잖아요!

아이가 부모님의 물건을 사용했다고 해서 절대 화를 내거나 잔소리를 할 필요가 없습니다. 이게 정말 화낼 문제가 되나요? 고통점수로 매겨봅시다. 고통의 정도가 0점에서 100점 중에 얼마나 되나요? 인생에서 부딪히는 다른 비극들에 비하면 그리 높은 점수는 아닐 것입니다. 그래도 스트레스가 너무 많거나 문제가 된다면 가족 규칙을 만드세요. 부모님의 물건을 함부로 만지면 벌금을 물게 하는 겁니다. 그래도 안되면? 부모님도 자녀의 물건을 마음대로 빌려 쓰세요.

직업

청소년기에 직접 직업을 구해서 돈을 벌어보는 경험은 훌륭한 삶의 자산이 됩니다. 진짜 세상을 경험할 수 있게 해주고, 아이의 자존감 향상에도 좋습니다. 단순히 돈을 버는 것을 넘어 책임감을 키우고, 미래에 대해 생각해볼 수 있게 해줍니다. 다른 사람과 어울리는 법도 배울 수 있지요. 게다가 여름방학 동안 출근 시간에 맞춰 일찍 일어나는 자녀의 기특한 모습도 볼 수 있습니다. 자녀가 아르바이트를 구하고 있다면 아무 말도 하지 말고 그냥 내버려두세요. 자녀가 부탁한다면 직업을 구할 수 있도록 도와주는 것도 좋습니다.

자녀가 일하다가 직장에서 문제가 발생하더라도 가능하면 관여하지 말아야 합니다. 집에서 공감적 경청과 긍정적 강화를 해주는 것만으로도 큰 도움을 줄 수 있습니다. 만일 자녀의 직장 상사가 문제가 생겼다며 직접 집에 전화할 정도로 큰 문제라면 부모님이 관여해도 괜찮습니다. 자녀에게 직장에서 전화가 왔으며 어떤 내용이었는지 이야기하고, 스스로 문제를 해결할 수 있는지, 아니면 도움이 필요한지 물어보세요.